Alexander Prölß

Aggressive Verhaltensweisen bei Kindern und Jugendlichen

Grundlagen, Diagnostik und gezielte Interventionen

Zum Autor

Dr. phil. Alexander Prölß
studierte Psychologie mit schulpsychologischem Schwerpunkt sowie Lehramt an Grundschulen an der Katholischen Universität Eichstätt-Ingolstadt. Anschließend arbeitete er als Lehrer in den Klassenstufen 1 bis 9 sowie als Staatlicher Schulpsychologe am Schulamt Straubing-Bogen.
Er promovierte berufsbegleitend an der Technischen Universität Kaiserslautern (Fachbereich Sozialwissenschaften; Lehrstuhl Kognitive und Entwicklungspsychologie) zum Thema Lese- und Rechtschreibstörung.
Aktuell ist er Beratungsrektor für Psychologie am Schulamt Wunsiedel im Fichtelgebirge mit dem Aufgabengebiet psychologische Diagnostik und Beratung von Kindern, Jugendlichen, Eltern und Lehrkräften. Zudem hat er die Heilerlaubnis beschränkt auf das Gebiet der Psychotherapie nach dem Heilpraktikergesetz (HeilprG) inne.
Dr. Alexander Prölß hält bundesweit Vorträge und Fortbildungen, vor allem zu den Themenbereichen Hochbegabung, aggressives Verhalten und Emotionsregulationsstrategien (z. B. bei Stress und Angststörungen). Zudem ist er Autor von zahlreichen Fachartikeln in diversen Zeitschriften und seit vielen Jahren Lehrbeauftragter für Pädagogische Psychologie, Entwicklungspsychologie und Psychologische Diagnostik an der Technischen Universität Kaiserslautern sowie an der Fernhochschule DIPLOMA.

Nähere Informationen: www.alexander-proelss.de

Alexander Prölß

Aggressive Verhaltensweisen bei Kindern und Jugendlichen

Grundlagen, Diagnostik und gezielte Interventionen

Bibliografische Information der Deutschen Nationalbibliothek
Die Deutsche Nationalbibliothek verzeichnet diese Publikation in der Deutschen Nationalbibliografie; detaillierte bibliografische Daten sind im Internet über http://dnb.d-nb.de abrufbar.

1. Auflage 2020
ISBN 978-3-8248-1266-0
eISBN 978-3-8248-9910-4

Mollweg 2, D-65510 Idstein
Vertretungsberechtigte Geschäftsführer:
Dr. Ullrich Schulz-Kirchner, Martina Schulz-Kirchner
Lektorat: Doris Zimmermann
Layout: Susanne Koch
Titelfotos: © liuzishan – Adobe Stock
Druck und Bindung:
medienHaus Plump, Rolandsecker Weg 33, 53619 Rheinbreitbach
Printed in Germany

Inhalt

1 Einleitung

„Die Jugend liebt den Luxus.
Sie hat schlechte Manieren, verachtet die Autorität,
hat keinen Respekt vor den älteren Leuten und schwatzt,
wo sie arbeiten sollte. Sie widersprechen ihren Eltern,
legen die Beine übereinander und tyrannisieren ihre Lehrer."
Sokrates (* um 469 vor Christus † 399 vor Christus)

Auch wenn die Klage über die Jugend kein neuartiges Phänomen des 21. Jahrhunderts ist – wie dieses Zitat von Sokrates zeigt –, hat man doch den Eindruck, dass das aktuelle Verhalten in der Welt immer aggressiver und gefährlicher wird. Man hört von Übergriffen durch Jugendliche an S-Bahn-Bahnhöfen, oppositionellem Verhalten der Schüler gegenüber ihren Lehrkräften und – jedem Elternteil bekannt – der Weigerung der eigenen Kinder, ihnen aufgetragene Tätigkeiten zu erledigen. Nun sucht man nach den Ursachen. Sind die Killerspiele und die Verrohung unserer Sprache daran schuld? Könnte es vielleicht helfen, einen aggressiven Jugendlichen in den Box-Club zu schicken, damit er seine Aggressionen dort abbauen kann?

Generell weisen aktuelle Studien tatsächlich die Tendenz auf, dass Kinder und Jugendliche immer häufiger von Gewalt und Aggression betroffen sind. So belegt eine global repräsentative Erhebung von Children's Worlds (Rees, Andresen & Bradshaw, 2016), dass 13 % der Jugendlichen in Deutschland in der Schule regelmäßig zwei- bis dreimal in der Woche von anderen Schülern geschlagen werden. Sogar 17 % der Achtjährigen gaben an, dass sie mehr als dreimal im letzten Monat vor der Befragung in der Schule angegriffen und tyrannisiert worden sind (Andresen & Möller, 2019). So erfasste bspw. das Landeskriminalamt in Bayern 2018 gut 400 Straftaten im Bereich der schweren und gefährlichen Körperverletzung im Kontext Schule. 2015 waren es nur 257 Attacken. Auch die Fälle von leichter Körperverletzung nahmen im selben Zeitraum zu: 2018 gab es dazu 1.376 Anzeigen, rund 300 mehr als drei Jahre zuvor (Bayerischer Rundfunk, 2020). Aufgrund solcher vorliegender Zahlen kann man nicht mehr von einer reinen Randerscheinung dieses Phänomens sprechen.

Wer aggressives Verhalten und Gewalt bei Kindern und Jugendlichen verstehen möchte, muss sich aber von alltäglichen Verallgemeinerungen distanzieren und dieses Phänomen durch eine wissenschaftliche Brille betrachten. Hierzu muss anfangs eine Begriffsklärung stattfinden: Was versteht man eigentlich genau unter „Aggression" und „Gewalt"? Es gibt nämlich verschiedene Formen dieses Phänomens: Angefangen bei Schubsen, Anschreien, Schlagen bis hin zu Mobbing und Amokläufen. Häufig werden diese Begriffe synonym verwendet, was aber falsch ist.

Nach der Klassifikation der Aggression nach ICD-10 wird in diesem Werk neben den klassischen psychologischen Ätiologiemodellen aggressiven Verhaltens (biologische, lernpsychologische und psychoanalytische Ursachen) auch ein neuerer Ansatz wie die Befriedigung von psychologischen Grundbedürfnissen vorgestellt. Nach Grawe (2004) zählen zu den psychologischen Grundbedürfnissen des Menschen die folgenden vier Bereiche, die durch zahlreiche neurobiologische Studien verifiziert wurden: Bedürfnis nach Bindung, Kontrolle, Selbstwert und Lustgewinn. Auf eben diesen wird auch der Schwerpunkt der Ursachenbeschreibung liegen. Die biopsychosozialen Risikofaktoren, wie bspw. schwieriges Temperament des Kindes, frühe Eltern-Kind-Konflikte, exzessiver Medienkonsum sowie Resilienz- bzw. Schutzfaktoren, werden ebenfalls beleuchtet.

Nach einem Einblick in die psychologisch-pädagogische Diagnostik wird in diesem Buch ebenso ein umfangreiches Potpourri an Interventionsmaßnahmen vorgestellt, die sich an den Ursachenmodellen orientieren und in häuslichen sowie pädagogischen Settings angewendet werden können. Dabei wird ein völlig neuer Ansatz der pädagogisch-psychologischen Intervention (das „Auctoritas-Modell") vorgestellt, erläutert und anhand zahlreicher bewährter Beispiele aus der Praxis illustriert. Die psychologischen, aber auch pädagogischen Interventionen nach dem „Auctoritas-Modell" setzen an den bereits genannten psychologischen Grundbedürfnissen nach Grawe an (Bindung, Selbstwert, Kontrolle und Lustgewinn). Ein besonderes Kapitel stellt dabei der Exkurs „Krisenintervention" dar. Dieses Kapitel soll alle Beteiligten dabei anleiten, sich in einer Akutsituation – wie bspw. beim „Ausrasten" eines Kindes im Supermarkt oder im Klassenzimmer – psychologisch korrekt verhalten zu können.

2

Was ist aggressives Verhalten?

Wenn man von aggressivem Verhalten spricht, werden sehr häufig verschiedenste Begrifflichkeiten ins Feld geworfen. Zentrale Begriffe bei dieser Thematik sind „Aggression", „Aggressivität" und „Gewalt". Häufig werden diese Begriffe unterschiedlich, stellenweise aber auch synonym verwendet. Was sich genau hinter diesen Begrifflichkeiten und dem dazugehörigen Verhalten verbirgt, wird im nächsten Abschnitt aus alltagssprachlicher sowie aus psychologischer Perspektive beleuchtet.

2.1 Aggression und Gewalt – eine Begriffsklärung

Der Begriff „Aggression" sowie der Begriff „Gewalt" werden im Alltag, aber auch in der Wissenschaft uneinheitlich gebraucht. Im Alltag wird die Wendung „aggressives Verhalten" häufig dafür verwendet, wenn gewisse Verhaltensweisen nicht der gängigen Norm entsprechen. Dabei haben viele die Bilder von prügelnden Männern auf der Straße, Misshandlungen im häuslichen Kontext, Gewaltverherrlichungen im Fernsehen oder auch straffälliges Verhalten, wie Raub oder Körperverletzung, vor Augen. Aber auch schon das bloße Anschreien oder reine Beleidigen einer Person kann bei manchen Menschen als Aggression gewertet werden. Auf der anderen Seite sehen viele in aggressivem Verhalten auch etwas Gutes. Man nehme das Beispiel Fußball. Hier wird häufig von einem „angriffslustigen Sturm" gesprochen, der auch in gewisser Weise „aggressiv" agiert und das auch soll. Es muss ja schließlich die Abwehr überwunden und Tore geschossen werden. Generell kann man aber postulieren, dass der Begriff der Aggression in der Gesellschaft mehr negativ als positiv konnotiert ist.

Bei **psychologischen Definitionen** sind ebenfalls viele verschiedene Annahmen und Definitionen im Gebrauch. So definieren Dollard und seine Kollegen im Jahr 1939 Aggression als eine Handlung, deren Zielreaktion die Verletzung eines Organismus ist. Einige Jahre später wurde der Begriff erweitert und differenziert. So interpretieren beispielsweise Verres & Sobez

(1980, S. 49) Aggression wie folgt: *„Aggressionen sind jene Verhaltensweisen, die gegen einen Gegenstand oder einen anderen Menschen gerichtet sind und für den, der sich gerade aggressiv verhält, eine subjektive Wahrscheinlichkeit aufweisen, diesen Gegenstand oder Menschen auch zu erreichen und damit entweder jene aus seinem Weg zu räumen oder ihnen unangenehme oder schädliche Reize zuzufügen oder beides."* Eine aktuellere Definition von Aggression nach Baron und Richardson (1994, S. 7) lautet: *„Aggression ist jede Form von Verhalten, das darauf abzielt, einem anderen Lebewesen zu schaden oder es zu verletzen, das motiviert ist, diese Behandlung zu vermeiden."*

Alle drei Definitionen zeigen, genau wie die weit über 100 weiteren Definitionen aggressiven Verhaltens, sehr deutlich auf, dass der Fokus vor allem auf der Zielreaktion bzw. der **Schädigungsabsicht** liegt, was zur Folge hat, dass zufällige Verletzungen und Zerstörungen nicht als Aggressionen anzusehen sind. Gerade die Fokussierung auf die Intention in wissenschaftlichen Definitionen ist durchaus sinnvoll, um dieses Phänomen eindeutig von unwillentlichen Provokationen wie bspw. dem Anrempeln in einer Menschenmasse abzugrenzen. Gleiches gilt für aggressive Verhaltensweisen, die durch spezielle Krankheitsbilder bedingt sind. So zeigen Kinder z. B. beim Aufmerksamkeitsdefizit-Hyperaktivitätssyndrom (ADHS) ein hyperaktives-impulsives Verhalten, dem aber in der Regel keine Schädigungsabsicht zugrunde liegt. Besteht nämlich diese Intention nicht, muss man von Versehen, Fahrlässigkeit oder auch Unfähigkeit sprechen, aber nicht von Aggression. Neben der Schädigungsabsicht ist ferner das **Wissen** darüber, dass das durchgeführte Verhalten zu einem Schaden der anderen Person oder zu Verletzungen führen kann, zu erwähnen. Wenn ein Schüler einem anderen Schüler mit der Faust ins Gesicht schlägt, muss man davon ausgehen, dass der Aggressor weiß, was er tut, und sich vor allem der rechtlichen und medizinischen Konsequenzen dieser Handlung bewusst ist. Dennoch nehmen viele Handelnden diese Konsequenzen mutwillig in Kauf, was ebenfalls ein Charakteristikum von Aggression ist. Können Betroffene die Konsequenzen nicht absehen oder handeln sie aus dem Affekt heraus, spricht man von impulsiven Handlungen, aber nicht von Aggression.

Aggressives Verhalten ist dadurch gekennzeichnet, dass eine bewusste Schädigungsabsicht seitens des Aggressors mit dem Wissen um Konsequenzen vorhanden ist.

Unter dem Begriff **„Aggressivität"** versteht man in der Psychologie die generelle Bereitschaft einer Person, in gewissen Lebenssituationen aggressiv zu reagieren. Sehr häufig wird das aggressive Verhalten durch einen Schlüsselreiz ausgelöst. Der Grad der Verhaltensintensität sowie die generelle Bereitschaft aggressiv zu reagieren werden bspw. durch innere Faktoren wie Hormone stark beeinflusst (Gerrig & Zimbardo, 2018; siehe Kapitel 6.1: *Persönliche Faktoren – das Geschlecht*).

Ähnlich wie der Begriff „Aggression" ist auch der Begriff **„Gewalt"** nicht eindeutig zu operationalisieren. So versteht Theunert (1987) Gewalt als eine Manifestation von Macht, mit der Folge und/oder dem Ziel der Schädigung einzelner Personen oder Gruppen von Menschen. Spannend an dieser Definition ist, dass der Fokus hierbei nicht auf dem schädigenden Verhalten, wie es bei der Aggression der Fall ist, liegt, sondern primär auf dem Erhalt von Machtverhältnissen. Ein weiteres Kriterium für Gewalt ist nach Theunert zudem, dass die Ausübung dieser Macht auf der Verfügbarkeit von Machtmitteln fußt, die wiederum die Voraussetzung zur Gewaltanwendung liefert. Ein klassisches Beispiel ist der Staat, der seine hoheitlichen Aufgaben (alias *Macht/Herrschaft*) mithilfe der Polizei *(Machtmittel)* zu bewahren oder auch durchzusetzen versucht.

Die Begriffe „Aggression", „Aggressivität" und „Gewalt" werden im alltäglichen Gebrauch häufig synonym verwendet, was sowohl sprachlich als auch psychologisch betrachtet falsch ist, da jeder Begriff einen sehr eigenen Bereich beschreibt.

2.2 Ausdrucksformen der Aggression

Es gibt weder „*die* Aggression" noch „*die* Aggressivität". So individuell wie die Menschen sind auch die Erscheinungsformen dieses Phänomens. Bereits Kinder zeigen in jungen Jahren leichte Formen von aggressivem und oppositionellem Verhalten in unterschiedlicher Intensität. Einen Höhepunkt in der Emotionsentwicklung bildet bei allen Kindern die Trotzphase, die zwischen dem 2. und 3. Lebensjahr auftritt und im englischen Sprachraum häufig mit dem Begriff „terrible twos" bezeichnet wird (Mesman & Koot, 2001). Mit dem Ende des zweiten Lebensjahres merkt das Kind, dass es ein eigenständiges Wesen ist und damit erwächst der Wunsch nach Autonomie und Selbstständigkeit. Dabei stößt das Kind mit seinem Können und seinen Möglichkeiten häufig an Grenzen. Das Resultat können massive Wutanfälle als Folge dieser Überforderung sein. Die Symptome dieser „Minipubertät" nehmen im weiteren Entwicklungsverlauf des Kindes jedoch wieder ab. Wie an diesem Beispiel ersichtlich ist, ist es bei aggressiven Verhaltensweisen sehr wichtig, zwischen normalem und pathologischem Verhalten zu differenzieren und dieses auch passend zu beschreiben, um es später angemessen interpretieren sowie therapieren zu können. Eine Methode ist dabei, die Ausdrucksform der Aggression zu berücksichtigen. Hierbei können fünf Kategorien unterschieden werden (siehe Abbildung 1; vgl. Buss, 1961; Bandura, 1979):

Abb. 1: Ausdrucksformen von Aggressionen (modifiziert)

1. Offen-gezeigte vs. verdeckt-hinterhältige Aggression:

Die offen-gezeigte Aggression bezeichnet Verhaltensweisen, die für jedermann – Täter, Opfer und Umwelt – erkennbar und ersichtlich sind, wie z. B. eine Schlägerei auf der Straße. Die verdeckt-hinterhältige Aggression stellt genau das Gegenteil dar. Hierbei hat das Gegenüber keine Chance, angemessen auf den Angriff zu reagieren, weil die Gefahr nicht vorhersehbar ist. Hierzu gehören Verhaltensweisen wie der sogenannte Angriff aus dem Hinterhalt oder auch das Streuen von Gerüchten im Internet.

2. Körperliche vs. verbale Aggression:

Unter körperlicher Aggression werden alle Handlungen subsumiert, bei denen eine Person, ein Tier oder ein Objekt direkt attackiert wird, z. B. durch Schlagen, Boxen und Schubsen. Findet der Angriff auf „symbolischer" Ebene statt, z. B. durch Schimpfen, Beleidigen, Ärgern, Hänseln usw., spricht man von verbaler Aggression.

3. Aktiv-ausübende vs. passiv-erfahrende Aggression:

Bei dieser Unterscheidung liegt der Fokus auf der handelnden bzw. die Aggression erfahrenden Person. Alle aggressiven Handlungen, die seitens einer Person (alias *Aggressor*) ausgeführt werden, nennt man aktiv-ausübende Aggression. Wird dagegen die Situation aus der Sicht des Opfers dargestellt *(„Ich wurde beschimpft und geschlagen.")* wird von passiv-erfahrender Aggression gesprochen.

4. Direkte vs. indirekte Aggression:

Bei dieser Unterscheidung liegt der Fokus auf dem Objekt, das geschädigt wird. Die direkte Aggression bezeichnet alle Maßnahmen, die das Opfer unmittelbar betreffen, wie Schlagen, Beschimpfen und bewusstes Beleidigen. Bei der indirekten Aggression wird das Opfer nicht direkt mit der Schädigung konfrontiert. Hierzu wird bspw. Besitz des Opfers verunglimpft, gestohlen oder gar zerstört.

5. Nach außen-gewandte vs. nach innen-gewandte Aggression:

Nach außen-gewandte Aggression ist jede Verhaltensweise, die gegen andere Personen, Tiere oder Gegenstände gerichtet ist. Alle bereits besprochenen Aggressionsformen fallen in diese Kategorie. Bilden sich allerdings Aggressionen gegen die eigene Person, dann spricht man von nach innen-gewandter Aggression *(Autoaggression)*. Dieser Typ kann verschiedene Formen annehmen: Angefangen bei intensivem Nägelkauen, über das Ausreißen der eigenen Kopfhaare bis hin zu schwersten Schädigungen mit Gegenständen (bspw. Ritzen mit der Rasierklinge).

Während die Einteilung nach Buss (1961) und Bandura (1979) eher beschreibender Art ist, versuchen andere Autoren wie Vitiello und Stoff (1997) eine Eingruppierung vorzunehmen, bei der der Fokus bereits vermehrt auf der Ursache des Verhaltens liegt (siehe Abbildung 2).

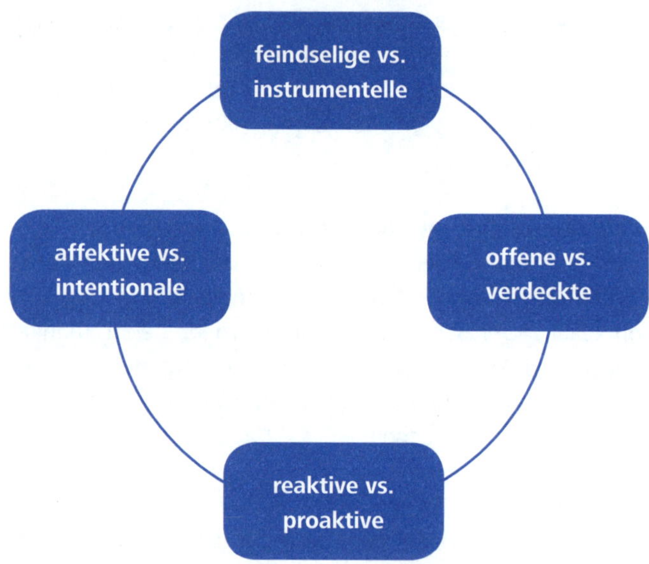

Abb. 2: Ausdrucksformen von Aggressionen nach Vitiello und Stoff (1997)

Dabei werden folgende vier Gruppierungen unterschieden:

1) **Feindselige** (Zufügen eines direkten Schadens) vs. **instrumentelle Aggression** (indirekte Erreichung eines Zieles)
2) **Offene** (feindseliges, trotziges, impulsives, unkontrolliertes Verhalten) vs. **verdeckte Aggression** (versteckte, instrumentelle, eher kontrollierte Handlung)

3) **Reaktive** (Reaktion auf wahrgenommene Bedrohungen oder Provokationen) vs. **proaktive Aggression** (zielgerichtetes oder impulsives Verhalten, auch ohne konkreten äußeren Anlass)
4) **Affektive** (unkontrolliert, ungeplant und impulsiv) vs. **intentionale Aggression** (kontrolliert, zielorientiert und geplant).

Selbstverständlich sind diese Formen der Gruppierung nur eine Möglichkeit unter vielen und können noch durch weitere Punkte ergänzt werden. So ist es bei Kindern und Jugendlichen im Besonderen sehr interessant zu beobachten,

1) wie lange das aggressive Verhalten gezeigt wird,
2) gegen wen sich das aggressive Verhalten richtet: Gleichaltrige, Geschwister, Eltern oder Pädagogen,
3) welche Ausdrucksform und welches Setting seitens des Kindes/Jugendlichen gewählt wird.

2.3 Sonderform „Selbstverletzendes Verhalten" (SVV) und Exkurs zu „Suizid"

Unter Selbstverletzendem Verhalten (SVV) versteht man allgemein alle Handlungen, bei denen es zu einer bewussten Schädigung des eigenen Körpers kommt. Hierzu werden häufig Schnittverletzungen mit scharfen oder spitzen Gegenständen wie Messern, Rasierklingen, Scherben oder Nadeln durchgeführt. Dieses sogenannte „Ritzen" findet vorwiegend an Armen und Beinen sowie im Bereich von Brust und Bauch statt. Aber auch Verbrennung (z. B. durch Zigaretten) oder Verätzungen kommen bei selbstverletzendem Verhalten gelegentlich vor. In Deutschland sind etwa 25 % der Jugendlichen in der Pubertät einmalig davon betroffen. Damit steht Deutschland bei den europäischen Ländern an der Spitze. Die Wiederholungsrate nach einem Jahr liegt bei etwa 14 %. Etwa zwei Drittel der betroffenen Jugendlichen sind weiblich (In-Albon, Plener, Brunner & Kaess, 2015).

Selbstverletzungen sind kein eigenständiges Krankheitsbild, sondern treten häufig als Symptom einer psychischen Störung oder Erkrankung auf und haben in der Regel keine suizidale Absicht. Dieses Verhalten deutet bei Jugendlichen auf eine starke seelische Belastungssituation hin, die mit starken Gefühlszuständen wie bspw. Angst oder Unsicherheit einhergeht. Dabei besitzt der Jugendliche selbst keine adäquaten Handlungsstrategien, dieses emotionale Erleben bzw. diese stressreiche Situation zu meistern. Jugendliche, die sich selbst verletzen, haben in der Regel große Schwierigkeiten, mit ihren Gefühlen umzugehen bzw. diese zu kontrollieren. Besonders Jugendliche mit psychischen Störungen, wie bspw. einer emotional-instabilen Persönlichkeitsstörung, haben ein sehr hohes Risiko, selbstverletzendes Verhalten zu entwickeln. Neben Erkrankungen, wie Depressionen oder Angststörungen, können auch mangelndes Selbstwertgefühl und die Unfähigkeit, Gefühle auszudrücken, ursächlich sein.

Ähnliche Probleme führen auch zu **suizidalen Handlungen,** die in den letzten Jahren durch die steigende Präsenz in den Medien vermehrt in den Fokus der Öffentlichkeit gerückt sind. So wird bspw. immer wieder diskutiert, inwieweit sich Filme, Serien oder Online-Games mit diesen Themen auf die Verbreitung dieses Phänomens auswirken. Zuletzt kulminierte diese Debatte nach der Ausstrahlung der Verfilmung des englischsprachigen Buches „13 Reasons Why" (dt. Titel „Tote Mädchen lügen nicht") auf dem Streaming-Portal Netflix. Die Serie zeigt in mehreren Folgen mögliche Gründe (z. B. Mobbing durch verschiedene Mitschüler) für den Selbstmord der Hauptfigur, der schlussendlich in der 13. Episode sehr detailliert dargestellt wird. Nach Protesten im deutschsprachigen Raum wurden die entsprechenden Szenen des Selbstmordes in der 13. Folge herausgeschnitten. Paradoxerweise führte die mediale Aufmerksamkeit zu einem höheren Bekanntheitsgrad der Serie und zu einer signifikanten Zunahme der Online-Anfragen zum Thema „Suizid" (Ayers, Althouse, Leas, Dredze & Allem, 2017). Man könnte auch die Leitlinien zum Umgang mit der Serie für jugendliche Zuschauer, die von Präventionsorganisationen (u. a. SAVE Organization und JED Foundation, ins Deutsche übersetzt durch den Caritasverband Berlin) veröffentlicht wurden, als Reaktion auf das erhöhte Suchinteresse zum Thema Suizid deuten. Dieses versucht man mithilfe der Leitlinien dahin gehend zu kanalisieren, dass man das Thema nicht totschweigt, aber gleichzeitig durch ein Thematisieren auch nicht (unabsichtlich) zur Nachahmung anleitet.

Exkurs: Wie können Eltern ihrem Kind helfen?

Das Wichtigste in einer Situation, bei der selbstverletzendes Verhalten gezeigt wird, ist als Eltern ruhig zu bleiben und die Fassung zu bewahren. Häufig sind die Eltern-Kind-Beziehungen bei einer derartigen Symptomatik ohnehin (vor-)belastet und aus diesem Grund ist es umso wichtiger, diese Handlungen als dysfunktionale Regulationsstrategie zu sehen und nicht als bizarre Angewohnheit, die es sofort abzustellen bzw. „autoritär" zu verbieten gilt. Man sollte lieber das Gespräch mit dem Jugendlichen suchen, auf dessen Gefühlslage eingehen, Verständnis zeigen und keinesfalls gegen ihn arbeiten oder ihn gar mit Vorwürfen konfrontieren. Zudem sollten sich Eltern oder auch der Jugendliche selbst auf jeden Fall Rat und Hilfe bei einem Experten holen. Im Schulsystem sind die ersten Ansprechpartner die Schulpsychologen. Diese werden mit dem diagnostischen Prozess beginnen und ggfs. die ersten (therapeutischen) Schritte einleiten oder in schweren Fällen gleich an den Facharzt bzw. an einen Kinder- und Jugendpsychotherapeuten verweisen. Natürlich können die Eltern oder der Jugendliche auch gleich selbst einen Spezialisten aufsuchen.

2.4 Sonderform „Mobbing", „Bullying" und „Cyber-Mobbing"

Eine besondere Form des aggressiven Verhaltens, dem besonders Kinder und Jugendliche ausgesetzt sind, ist in der heutigen Zeit das „Mobbing" oder „Bullying". Unter **Mobbing** (engl. to mob – fertigmachen, anpöbeln, belästigen) versteht man, dass eine Person wiederholt (sprich über einen längeren Zeitraum) und systematisch direkt oder indirekt schädigenden Handlungen einer oder mehreren Personen ausgesetzt ist und nicht in der Lage ist, sich gegen die Aggressoren zu wehren. **Bullying** leitet sich von dem engl. „bully" – brutaler Kerl – ab. Der Begriff umschreibt das Phänomen, dass ein Einzelner von einem oder mehreren in seiner Gruppe schikaniert und terrorisiert wird. „Bullying" und „Mobbing" werden weitgehend synonym verwendet, da es weitreichende Parallelen in den Definitionen und der Phänomenbeschreibung gibt (Olweus, 2008).

Bei Mobbing handelt es sich um eine besondere Form von aggressivem Verhalten, da es neben der eindeutigen Schädigungsabsicht auch systematische Methoden, wie bewusstes Erniedrigen, Drangsalieren oder sogar gezieltes Quälen der anderen Person beinhaltet. Sehr häufig kommt hinzu, dass zwischen dem Täter und Opfer ein tatsächliches oder subjektiv empfundenes Machtgefälle vorherrscht, bspw. aufgrund der Rolle in der Gruppe oder der kognitiven Leistungsfähigkeit. Dieses Phänomen ist leider mittlerweile zu einem festen Bestandteil in der Wirtschaft, aber auch im Schulwesen geworden. In Schulen geht man davon aus, dass ca. 15 bis 20 % aller Schüler bereits mit Mobbing (als Opfer oder Täter) in Kontakt gekommen sind. Dieses Phänomen ist insofern interessant, weil gerade bei Schülerinnen und Schüler, die als Opfer an Mobbing beteiligt waren, wesentlich häufiger psychische Störungen, wie bspw. aggressive Tendenzen, auftreten. Die Folgeschäden wirken sich bis ins Erwachsenenalter aus (Petermann & Koglin, 2013). Mittlerweile sind zahlreiche Präventions- aber auch Interventionsprogramme auf dem Markt etabliert, um Betroffenen zu helfen und Anregungen für Eltern und Pädagogen zu geben (einen Überblick über Präventionsprogramme bietet Schubarth, 2018).

Eine besondere Form des Mobbings stellt das **Cyber-Mobbing** dar, das in den letzten Jahren gerade bei Jugendlichen stark zugenommen hat. Der Grund dafür ist, dass fast 95 % der 12- bis 19-Jährigen ein eigenes internetfähiges Smartphone und gut 75 % dieser Gruppe zudem ein eigenes Tablet ohne elterliche Kontrolle über den Zugriff besitzen (Orth, 2017). So ergab eine Befragung von 1700 Jugendlichen der fünften bis elften Jahrgangsstufen, dass ca. 30 % von ihnen bereits in Chaträumen gelegentlich und ohne erkennbaren Grund bedroht wurden. Weitere 4 % der Schüler gaben sogar an, dass sie regelmäßig, d. h. mindestens einmal pro Woche, wenn nicht sogar mehrfach täglich, bedroht wurden. Haupt- und Realschüler sind mit 26 % mehr von diesem Phänomen betroffen als Schüler auf einem Gymnasium (17 %; Katzer, Fechtenhauer & Belschak, 2009). Die aggressiven Handlungen werden hierbei meistens in sozialen Netzwerken, wie Instagram und Facebook, durchgeführt. Die Ausdrucksformen ähneln denen im realen Leben, wie z. B. kontinuierliche und direkte Belästigungen via

Mail und Chat-Anfragen oder Verunglimpfungen bzw. Beleidigung der Person durch bewusstes Streuen von Gerüchten und „Fake News". Ein Problem ist, dass bei dieser Form des Mobbings das Machtungleichgewicht fehlt, was laut Definition von Mobbing vorhanden sein sollte. Auch das mehrmalige Auftreten von schädigendem Verhalten muss beim Cyber-Mobbing nicht unbedingt vorhanden sein, da einmal ins Netz gestellte Informationen wie Bilder und Videos jederzeit heruntergeladen und weiter versendet werden können. Somit kann es ebenfalls zu einer mehrfachschädigenden Wirkung kommen.

Das Bedrohliche an dieser Form von aggressivem Verhalten ist, dass die Opfer häufig keine Handhabe haben, sich gegen die Angriffe zu wehren, da sehr viele Täter die Anonymität des Internets für sich nutzen. So bestätigt eine Studie von Kowalski und Limber (2007), dass 50 % der Opfer von Cyber-Mobbing kein Wissen darüber haben, wer eigentlich die Täter sind. Dennoch sind die Opfer dieser Situation nicht hilflos ausgesetzt. Generell empfiehlt es sich, so einen Tatbestand bei der Polizei zu melden. Ein direktes „Cybermobbing-Gesetz" gibt es zurzeit in Deutschland nicht, aber dennoch können aggressive Handlungen im Netz durchaus juristisch verfolgt werden. So können folgende strafrechtliche Tatbestände erfüllt sein: Beleidigung (§ 185 StGB), üble Nachrede (§ 186 StGB), Verleumdung (§ 187 StGB), Nachstellung (§ 238 StGB), Recht am eigenen Bild (§ 22 KUG/KunstUrhG), Nötigung und Bedrohung (§ 240 und § 241 StGB; Klicksafe, 2020). Ist auch der schulische Kontext betroffen, ist es sinnvoll, neben einem Gespräch mit der Schulleitung auch den Kontakt zum Vertrauenslehrer bzw. Schulpsychologen herzustellen.

Exkurs: Hat Aggression auch was Gutes?

Nachdem im vorhergehenden Kapitel sehr viel über die negativen Seiten der Aggression berichtet wurde, soll im folgenden Abschnitt der Fokus auf die positiven Seiten dieser menschlichen Reaktion gelegt werden. Da stellt sich zunächst die Frage, welche positiven Aspekte haben aggressive Verhaltensweisen?

Ein als positiv anzusehender Aspekt ist, dass aggressives Verhalten primär ein **natürlicher Ausdruck von Emotionen** wie Wut, Angst oder auch Trauer sein kann. Ist es nicht generell gesünder, seine Gefühle zu zeigen und sie „rauszulassen", statt sie zu verstecken? Daher gibt es heutzutage auch wieder pädagogische Strömungen, die dafür eintreten, Gefühle ganz offen und im aktuellen Moment des Erlebens auszuleben. So sollten gerade Kinder nicht dazu angeleitet werden, ihre Gefühle, besonders Aggression, zu unterdrücken (Juul, 2013). Gerade Jungen und jungen Männern würde es sicherlich gut tun, ihren Aggressionstrieb auszuleben, da dieser oft zur Erhaltung eines sozialen Status, Erlangung von Prestige oder zu einer Art spielerischer Auseinandersetzung mit dem Gegenüber führt und somit für eine gesunde Persönlichkeitsentwicklung der Jungen dienlich ist (siehe auch Kapitel 6.1: *Persönliche Faktoren – das Geschlecht*). Mittlerweile haben daher auch Lehrpläne des Faches Sport den Bereich „Raufen und Ringen" als festen Bestandteil aufgelistet.

Als weiteres positives Argument für Aggression ist anzuführen, dass aggressives Verhalten mitunter eine Form der **Kontaktaufnahme** mit der Umwelt darstellt. Dieser Aspekt deckt sich auch mit den Bedeutungen des lateinischen Wortes „aggredi" (aus „ad" und „gredi", wörtlich ‚herangehen'), von dem sich der Begriff „Aggression" ableitet. So bedeutet „aggredi" neben ‚angreifen', ‚anfallen' oder ‚überfallen' auch neutraler ‚an eine Tätigkeit herangehen', ‚sich an jemanden wenden' oder ‚jemanden zu gewinnen versuchen'. Allen diesen Bedeutungen liegt eine zielgerichtete Intention zugrunde, das (negativ konnotierte) Schädigen ist aber nur eine von mehreren Übersetzungsmöglichkeiten. Man muss natürlich hinzufügen, dass ein „aggressives Herantreten" in westlichen Kulturen nicht den gesellschaftlichen Gepflogenheiten entspricht. Dennoch kann man derartiges Verhalten als Hilfeschrei interpretieren. Gerade Kinder und Jugendliche verwenden diese Form der „Kommunikation" als Mittel der Kontaktaufnahme, um Raum für die Mitteilung ihrer Probleme zu erhalten und nehmen zum Wohle der Zuwendung durch Erwachsene negative Konsequenzen für ihr aggressives Verhalten gerne in Kauf. Ein alltägliches Beispiel stellt die typische Geschwisterrivalität dar: So haut vielleicht das ältere Kind das jüngere, obwohl es weiß, dass es hierfür von der Mutter gemaßregelt wird. Diese Konsequenz ist aber für das ältere Kind erträglich bzw. sogar erwünscht, da sich so die Mutter, die seit der Geburt des Geschwisterkindes nur noch wenig Kontakt zum älteren Kind pflegt, endlich einmal nur ihm widmet.

Aggressives Verhalten bei Kindern und Jugendlichen kann also häufig ein Zeichen für eine fehlgeschlagene Kontaktaufnahme mit der Umwelt sein.

Klassifikation aggressiven Verhaltens

In der klinischen Psychologie sowie in der Kinder- und Jugendpsychiatrie wird aggressives Verhalten unter dem Begriff „Störung des Sozialverhaltens" zusammengefasst. Dabei wird die Störung durch ein wiederholendes und andauerndes Muster dissozialen, aggressiven und aufsässigen Verhaltens charakterisiert (Dilling & Freyberger, 2019). Durch die Terminologie des Musters wird eindeutig eine Abgrenzung zu einmaligen aggressiven Reaktionen gezogen. Zudem ist entscheidend, dass sich die Verhaltensweisen klar von gewöhnlichem kindischen Unfug oder jugendlicher Aufmüpfigkeit unterscheiden lassen. Da aggressives Verhalten von seinem Erscheinungsbild her ein sehr komplexes Phänomen darstellt und zudem unterschiedliche Ausprägungen aufzeigen kann, gibt es auch diverse Möglichkeiten, die Symptome zu gruppieren. Eine bewährte Einteilung auffälliger Verhaltensweisen ist die Gruppierung in oppositionelles Trotzverhalten sowie in dissozial-aggressive Verhaltensweisen (siehe Tabelle 1).

Die Leitsymptome laut ICD-10 („*International Statistical Classification of Diseases and Related Health Problems*", deutscher Titel „*Die Internationale statistische Klassifikation der Krankheiten und verwandter Gesundheitsprobleme*"; Dilling & Freyberger, 2019), die für eine Diagnosestellung vorhanden sein müssen und an die sich jeder Arzt und Psychologe in Deutschland zu halten hat, sind extremes Streiten/Tyrannisieren, Grausamkeiten gegenüber Tieren oder Menschen, Stehlen, intensives Lügen, Zerstörung von fremdem Eigentum, Feuerlegen, Schuleschwänzen, Weglaufen von zu Hause oder ungewöhnlich häufige und besonders schwere Wutausbrüche. Zudem müssen bei einer Diagnosestellung einige der genannten Symptome mindestens 6 Monate gezeigt worden sein. Bei manchen Symptomen reicht das einmalige Auftauchen dieser Symptomatik aus (z. B. Brandstiftung mit Personenschaden). Anhand der auftretenden Hauptsymptome sowie der Begleiterscheinungen, wie bspw. die Ausgrenzung in der Schule oder ein starkes disharmonisches Familiensetting, besteht nun die Möglichkeit, eine der folgenden Untergruppen für eine Störung des Sozialverhaltens auszuwählen (Dilling & Freyberger, 2019):

Tab. 1: Grundlegende Symptome von oppositionellem Trotzverhalten und Störungen des Sozialverhaltens (vgl. Fegert, Eggers & Resch, 2012)

Oppositionelles Trotzverhalten	Dissozial aggressive Symptomatik
▪ Häufige Wutausbrüche ▪ Viele Streitigkeiten auch im Erwachsenenalter ▪ Keine Einhaltung von Regeln der Erwachsenen ▪ Absichtliches Ärgern anderer ▪ Deutliche Anzeichen von Ärger und Wut ▪ Anzeigen von Gehässigkeit und Rachsucht ▪ Häufiges Lügen und Brechen von Versprechen ▪ Keine Einsicht bei eigenen Fehlern	▪ Häufige körperliche Auseinandersetzungen; direktes Angreifen der Opfer ▪ Gebrauch von gefährlichen Waffen ▪ Grausamkeiten gegenüber anderen Menschen ▪ Tierquälerei ▪ Absichtliches Feuerlegen ▪ Häufiges Schuleschwänzen ▪ Erzwingen von sexuellen Handlungen ▪ Einbrüche

- **Auf den familiären Rahmen beschränkte Störung des Sozialverhaltens (F91.0)**
  Abnormes Verhalten ist auf den häuslichen Rahmen oder auf die Interaktion mit Familienmitgliedern beschränkt. Außerhalb des familiären Settings sind keine Auffälligkeiten bei sozialen Interaktionen mit anderen erkennbar, das Kind oder der Jugendliche verhält sich regelkonform.
- **Störung des Sozialverhaltens bei fehlenden sozialen Bindungen (F91.1)**
  Hier haben die Klienten keinerlei Einbindung in eine Gruppe von Gleichaltrigen („Peergroup"). Zudem fehlen enge Freunde und dauerhafte Beziehungen. Das Sozialleben ist von Zurückweisungen anderer sowie Isolation in bestehenden Gruppen gekennzeichnet. Aggressive Übergriffe werden meist alleine begangen.
- **Störung des Sozialverhaltens bei vorhandenen sozialen Bindungen (F91.2)**
  Hier hat der Klient eine gute bis sehr gute Einbindung in eine „Peergroup". Diese besteht aber häufig aus delinquenten oder dissozialen Kindern/Jugendlichen. Die Beziehungen zu Autoritätspersonen wie Eltern und Lehrkräften sind sehr konfliktbelastet.

- **Störung des Sozialverhaltens mit oppositionellem, aufsässigem Verhalten (F91.3)**
  In dieser Kategorie hat das Problemverhalten meistens seinen Beginn vor dem 10. Lebensjahr. Symptome hierbei sind aufsässiges, ungehorsames und starkes trotziges Verhalten mit einer sehr geringen Frustrationstoleranz, schnelles Verärgertsein und Missachtung von Regeln und Anforderungen seitens Erwachsener.
- **Sonstige Störungen des Sozialverhaltens (F91.8) und nicht näher bezeichnete Störung des Sozialverhaltens (91.8)**
  Bei diesen beiden Kategorien handelt es sich um sogenannte Restkategorien, die dann zum Einsatz kommen, wenn das Erscheinungsbild nicht ganz eindeutig kategorisiert werden kann.
- **Kombinierte Störung des Sozialverhaltens und der Emotionen (F92)**
  Kombination von andauerndem aggressivem, dissozialem oder aufsässigem Verhalten mit deutlichen Symptomen von Angst, Depression oder sonstigen emotionalen Störungen.

Es wird auch im psychiatrischen Klassifikationssystem ICD-10 empfohlen, den Störungsbeginn explizit zu erfragen. Dabei wird unterschieden, ob die ersten Symptome vor dem 10. Lebensjahr bzw. nach dem 10. Lebensjahr aufgetaucht sind. Dieser Abgleich ist notwendig, um eine Sozialprognose zu stellen. Hintergrund dieser Frage ist, dass es für die Entwicklung des Kindes günstiger ist, wenn die Symptome erst in der Adoleszenz (also nach dem 10. Lebensjahr) aufgetreten sind, weil das eher für eine auf das Jugendalter begrenzte Störung („adolesence limited") spricht. Kann der Beginn bereits in der frühen Kindheit verortet werden, zeigen die Studien eher eine ungünstige Sozialprognose (im englischsprachigen Raum spricht man daher auch von „life-course-persistant"; Farrington, Ttofi & Coid, 2009). Dann ist z. B. die Wahrscheinlichkeit eines Übergangs zu einer antisozialen Persönlichkeit mit oder ohne Kriminalität im frühen Erwachsenenalter erhöht (Steinhausen, 2019).

Die **„Pubertätsaggression"** ist bei männlichen Jugendlichen bis zu einem gewissen Maß normal, da aggressive Verhaltensweisen mit der männlichen sexuellen Entwicklung einhergehen (siehe Kapitel 6.1: *Persönliche Faktoren – das Geschlecht*). Pathologisch relevant wäre nur eine bestimmte **Intensität** der Symptome, z. B. beim Schlagen oder Treten, sowie der **Schweregrad** der Schädigung anderer Personen (z. B. Totschlag).

Neben dem Beginn der Symptome ist auch der **Schweregrad** bestimmbar, wobei zwischen leicht, mittel und schwer differenziert wird. Diese Einteilung hängt von der Anzahl der Symptome sowie dem verursachten Schaden bzw. der verursachten Verletzung ab. Von einer **leichten Störung** spricht man, wenn nur eine geringe Anzahl an Symptomen vorliegt und auch der entstandene Schaden als geringfügig eingestuft werden kann. Eine **mittelgradige Störung** liegt dann vor, wenn sowohl die Anzahl der Symptome als auch der versursachte Schaden zwischen leicht bis schwer liegt. Bei der **schweren Ausprägung** ist neben einer Vielzahl der erforderlichen Leitsymptome ein nennenswerter Schaden für andere Personen oder Sachgegenstände zu verzeichnen (Grasmann, 2015).

Neben den Kernsymptomen leiden die betroffenen Kinder und Jugendlichen häufig unter weiteren Erkrankungen bzw. Beeinträchtigungen, die meist mit der Störung des Sozialverhaltens einhergehen. Darunter fallen Krankheitsbilder wie die Aufmerksamkeits-Defizit-Hyperaktivitäts-Störung (ADHS), depressive Störungen, Angststörungen sowie im schulischen Kontext Lern- und Leistungsstörungen. Mit zunehmendem Alter steigt auch das Risiko eines Substanzmissbrauchs. Generell gehört die Störung des Sozialverhaltens zu den häufigsten Störungen im Kindes- und Jugendalter (Blanz, Schmidt & Esser, 1990; Petermann & Petermann, 2012), wobei die Spannbreite des Auftretens sehr breit ist, da bei den empirischen Untersuchungen verschiedene Definitionen, Diagnostika sowie statistische Methoden verwendet werden. In Deutschland treten Störungen des Sozialverhaltens bei 6 % bis 16 % der Jungen und 2 % bis 9 % der Mädchen auf. Die Prävalenz im Grundschulalter wird mit 1 % bis 2 % für Mädchen und 4 % für Jungen geschätzt, im Jugendalter verdoppelt sich diese noch einmal, bis sie am Ende dieser Lebensphase wieder absinkt. Die Diagnosestellung umfasst eine umfangreiche Diagnostik, die alle Lebensbereiche des Schülers untersucht (siehe Kapitel 7: *Diagnostik von aggressivem Verhalten*). Dabei sind neben den Fachärzten für Kinder- und Jugendpsychiatrie in der Regel auch die Eltern, Lehrkräfte, Schulsozialarbeiter und Schulpsychologen involviert.

Was macht Kinder und Jugendliche aggressiv?

Klassische psychologische Theorien der Aggressionsforschung

Mit aggressivem Verhalten können Kinder und Jugendliche familiäres und schulisches Geschehen lenken. Dabei kann aggressives Verhalten einerseits ein Ausdruck von Angst und Überforderung sein, andererseits aber auch eine rücksichtslose Durchsetzung eigener Interessen zur Lustbefriedigung. Im folgenden Kapitel werden verschiedene Theorien vorgestellt, die die Entstehung von aggressivem Verhalten erklären.

4.1 Die Triebtheorie nach Freud im Rahmen des Instanzenmodells (Freud, 1923)

In den 1920er Jahren erfolgte innerhalb der Psychologie eine Revolution. Der Psychoanalytiker Sigmund Freund (1856–1939) veröffentlichte sein bis heute sehr bekanntes und in der psychotherapeutischen Praxis immer noch angewandtes Instanzen- bzw. Strukturmodell der menschlichen Psyche (Freud, 1923). Die Publikation eines Modells, das explizit die psychischen Vorgänge im Menschen zu erklaren versucht, war damals bahnbrechend. Es war eine Zeit, die stark vom Behaviorismus geprägt war, also der Annahme, dass ein Mensch wie ein Tier reagiert: die klassische Kopplung von Aktion und Reaktion. Ein Kind zeigt ein Verhalten und darauf folgt eine Reaktion. Aufgrund der jeweils erfolgten Konsequenz wird das Verhalten angepasst. So wird ein Hund, der sich einmal geweigert hat, das Stöckchen zu apportieren, und daraufhin geschimpft wird, beim nächsten Mal das Stöckchen zu seinem Herrchen zurückbringen. Freud ging nun aber davon aus, dass der Mensch mehr durch seine Triebe und Bedürfnisse zum Handeln „gezwungen" wird, als durch die reine Konsequenz auf ein Verhalten, was er mit Erfahrungen aus seiner praktischen Tätigkeit als Neurologe begründete. Aufgrund dieser Expertise begründete er 1923 das Instanzenmodell mit seinen drei Bereichen: ICH, ES und ÜBER-ICH (siehe Abbildung 3).

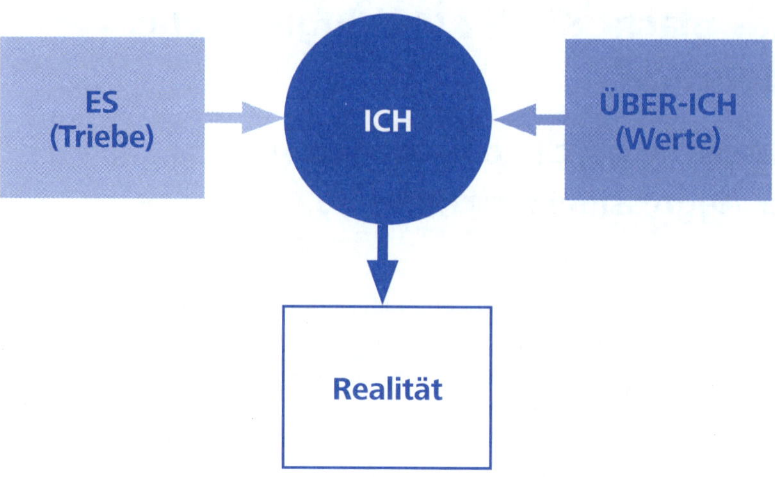

Abb. 3: Das Instanzenmodell nach Freud (1923)

Das ES bezeichnet die *unbewusste* Struktur des Instanzenmodells, in dem der Ursprung der Triebenergie verortet wird. Das ES ist von Geburt an vorhanden und repräsentiert alle *Triebe* (z. B. Sexual-, Nahrungs- und Todestrieb), *Bedürfnisse* (z. B. Geltungsbedürfnis) und *Affekte* (z. B. Hass und Neid). Das ES drängt auf sofortige Befriedung bzw. Entladung der Triebe, ohne diese einer rationalen Prüfung zu unterziehen und ohne Rücksichtnahme auf die Grenzen der Umwelt oder auf die Einhaltung ethnischer Normen. Das ES steht somit in ständigem Konflikt mit den beiden anderen Instanzen des psychologischen Apparats.

Als *Gegenspieler* des ES könnte das ÜBER-ICH bezeichnet werden. Diese psychische Struktur ist der Sitz der *sozialen Normen, Werte und Moral,* des *Gehorsams* sowie des *Gewissens.* Das ÜBER-ICH wird vor allem durch die Erziehung geprägt und spiegelt somit auch die Wert- und Normvorstellungen der Eltern wider. Das ÜBER-ICH ist dafür verantwortlich, dass der Mensch ein „soziales Wesen" wird. Die Vorgänge in dieser Instanz laufen ebenso überwiegend *unbewusst* ab (Freud, 2014).

Als letzte psychische Instanz ist das ICH zu nennen, das vor allem als *Vermittler* zwischen den beiden Instanzen agiert, indem es die Triebe des ES und die Werte des ÜBER-ICHs anhand der Forderungen und Möglichkeiten der Außenwelt beurteilt. Das ICH ist die Instanz, in der alle bewussten und damit alle sprachlich fassbaren Persönlichkeitsanteile organisiert sind. Dieses *kontrolliert* somit die Impulse des ES, darunter auch die aggressiven, was bei einer mangelhaften Impulskontrolle auf ein schwach entwickeltes ICH schließen lässt. Somit ist nach der psychoanalytischen Lehre aggressives Verhalten durch eine ICH-Schwäche bedingt, die es durch therapeutische Maßnahmen zu behandeln gilt. Die Terminologie der ICH-Schwäche oder auch der Struktur-Störung (orientiert am Strukturmodell) wird bis heute in der Psychotherapie angewendet.

Aggression wird in der psychoanalytischen Lehre als triebgesteuertes, normales Verhalten angesehen, welches aber durch eine zu geringe Hemmung durch ein schwaches ICH bzw. durch mangelnde Zensierung durch ein schwach ausgebildetes ÜBER-ICH destruktive Ausmaße nach außen, aber auch nach innen annehmen kann.

Exkurs: Triebtheorie um 1910

Dem Instanzenmodell gingen mehrere Vorarbeiten voraus. Zunächst nahm Freud 1910 an, dass die Aggression als biologisch verankerter Trieb ihren Ursprung im Individuum hat und somit auch einen festen Bestandteil des menschlichen Verhaltensrepertoires darstellt (Scheithauer & Hayer, 2007). Freud sah zu dieser Zeit nur einen (Haupt-)Trieb als Motor des menschlichen Handelns an, der sich aus Sexual- („Arterhaltung") und Ich-Trieb („Selbsterhaltung" oder Narzissmus; Mentzos, 1989) zusammensetzte. Besonders bei Männern ist die Sexualität eng mit dem Aggressionstrieb verbunden, was bei einer Zunahme der sexuellen Erregung zugleich zu einer Zunahme der Aggressivität führen kann (Fields, 2020; Hess, 1957). Somit beinhalte die männliche Sexualität nach Freud (1910) immer ein Element der Aggressivität, was sowohl biologisch als auch psychologisch sinnvoll sei, da es zur Selbsterhaltung und zur Sicherung der Fortpflanzung diene. Freud begründete seine Annahmen damit, dass im Tierreich ebenfalls das Männchen in der Regel um ein Weibchen werben und damit zugleich andere Mitstreiter abwehren müsse. Dieser Trieb sei bis heute im „menschlichen Tier" (Freud, 1930) tief verwurzelt. Weil es sich bei der Sexualität und somit auch bei der Aggression um eine nie erlöschende Energiequelle handele, würden ständig (aggressive) Impulse erzeugt, die bei Überschreitung einer gewissen Schwelle nach Entladung verlangen (Katharsis-Prozess). Nur durch das Ausleben dieser inneren Triebe könne es zu einer Reduktion dieser Emotionen kommen.

Nach den schrecklichen Erfahrungen aus dem Ersten Weltkrieg erweiterte Freud (1915) sein ursprüngliches System um einen zweiten Trieb, den **Todestrieb**, und entwickelte die **dualistische Triebtheorie**. Dieser Schritt war damals in seinen Augen notwendig, weil er sich die Gräueltaten, die die Soldaten im Ersten Weltkrieg begangen hatten, nicht mehr nur mit einem Sexual- und Ich-Trieb erklären konnte. Im dualistischen Modell stehen sich nun *zwei große Triebsysteme* im menschlichen Körper gegenüber, die das menschliche Verhalten maßgeblich bedingen: auf der einen Seite der bereits vorgestellte *Sexual- und Selbsterhaltungstrieb*, auch als *Lebenstrieb („Eros")* bezeichnet. Dieser ist nicht mit der Libido (lat. für Drang, Begierde) zu verwechseln, die die psychische Energie des Eros darstellt. Diesem stellte Freud nun auf der anderen Seite den *Todestrieb („Thanatos")* gegenüber, der den Endzweck hat, Ziele aufzulösen und zu zerstören. Dieser Trieb, in dem nun auch die Aggression verortet ist, strebt danach, das Leben der Person in seinen anorganischen Zustand zurückzusetzen, sprich den Tod, um damit zu gewährleisten, dass der Mensch sein irdisches Dasein verlässt. Die dem Trieb zur Verfügung stehende Kraft wird als „Destrudo" (abgeleitet von lat. destruere – zerstören) bezeichnet (Mentzos, 1989), was den negativen Aspekt dieses Triebes sehr deutlich zum Ausdruck bringt.

In einer psychisch gesunden Persönlichkeit gehen der Todes- sowie der Lebenstrieb eine akzeptable Mischung ein, wie beispielsweise bei der Partnerwahl. Hier muss der Mann zum einen seinem Sexualtrieb folgen (z. B. eine Sexualpartnerin finden) und zum anderen muss er seine neue Partnerin ggfs. erobern (z. B. einen Konkurrenten ausstechen; hier kommt die aggressive Tendenz zum Einsatz). Ist diese Vermischung aber gestört und nimmt der Todestrieb überhand, bewirkt der Eros als Gegenspieler des Thanatos, dass dessen Energie nach außen gerichtet wird und es somit zu einer Fremd- statt zu einer tödlichen Selbstaggression kommt. Dieser Prozess der Kanalisierung soll laut Freud zu destruktiven Verhaltensweisen des unmittelbaren Umfeldes, wie bspw. Gräueltaten in Kriegen, Misshandlungen in Familien usw. führen (Freud, 1915; 1930).

Generell muss man anmerken, dass Freud selbst mit dieser Einteilung nur bedingt zufrieden war, genau wie zahlreiche seiner Fachkollegen aus der damaligen und heutigen Zeit. Er nannte seine Überlegungen zum Todestrieb sogar eine „weitausholende Spekulation" (Freud, 2014). Daraufhin hat er in seinem Instanzenmodell die bereits bekannten Triebe (Lebens- und Todestrieb) sowie auch weitere (wie den Nahrungstrieb) unter dem Begriff ES subsumiert und den Todestrieb etwas abgeschwächt.

Fazit: Die Triebtheorie von Freud (1910) ist die älteste psychologische Theorie, die menschliche Aggressionen umfassend zu erklären versucht.

4.2 Die Instinkttheorie nach Lorenz (1974)

In eine ähnliche Richtung geht der Ansatz der Instinkttheorie nach Lorenz (1974). Hier wird davon ausgegangen, dass jedes Verhalten von Lebewesen, auch die Aggression, durch klar voneinander abgrenzbare Instinkte verursacht und gelenkt wird. Aggression ist nach dieser Theorie von Geburt an vorhanden und dient allen Arten, ob Tieren oder dem Homo sapiens, zur Erhaltung und zur Veränderung von Umweltbedingungen. Nach Lorenz sind diese Triebe genetisch bedingt, artspezifisch automatisch sowie stereotyp ablaufende Verhaltensmuster, die durch äußere Schlüsselreize aktiviert, aber auch gehemmt werden können (Lorenz, 1974). Durch zahlreiche Tierbeobachtungen konnte man *vier Ursprungsquellen* von aggressiven Verhaltensweisen ermitteln: *Verjagen von Feinden,* erfolgreiche *Weitergabe der eigenen Gene bzw. der Gewinnung von Sexualpartnern, Schutz der Nachkommen* sowie *Erbeutung von Nahrung*.

Exkurs

Man kann die Erkenntnisse aus den 1960er und -70er Jahren sehr anschaulich auf die heutige Zeit adaptieren. Die Menschen im 21. Jahrhundert produzieren immer weniger Nachkommen und somit ist für den Einzelnen eine immer größere Fürsorge möglich. Dadurch ist die Verbindung zwischen Eltern und einem einzelnen Kind sicherlich intensiver als bei Mehrkindfamilien. Das Bedürfnis der Eltern steigt, diesen einen eigenen Nachkommen vor allen möglichen Gefahren zu schützen und ihm auch alle Probleme aus dem Weg zu räumen (in der Pädagogik wird das Phänomen als „Helikoptereltern" bezeichnet; Kraus, 2015). Diese Ziele werden neben den normalen Methoden zunehmend auch mit aggressiven Verhaltensweisen, wie z. B. Beschimpfungen der Lehrkräfte, verbalen Drohungen mit rechtlichen Schritten bis hin zu körperlichen Überschreitungen, durchgesetzt. Somit findet hier ebenfalls in gewisser Weise eine aggressive Reaktion auf einen Angriff auf die Familie statt, wie sie bei Tieren zu finden ist.

Aggression und aggressive Verhaltensweisen sind demnach normal, und nur wenn diese sich zu einer zerstörerischen Form (z. B. das bewusste Schädigen einer anderen Person zur eigenen Freude) entwickeln, spricht man von einer Fehlfunktion sowie einer Verselbstständigung des Instinkts. Lorenz (1974) prägte dafür den Begriff des „Dampfkesselprinzips", was in ähnlicher Form auch in der Triebtheorie unter dem Begriff „Katharsis" zu finden ist. Dieses Prinzip besagt, dass permanent aggressive Impulse bei Tieren und Menschen erzeugt werden. Überschreiten diese Impulse eine gewisse Schwelle, drängen sie auf eine unmittelbare Befriedigung. Neuere Studien zeigen, dass vorhandene Hemmungsmechanismen der Aggression – z. B. Unterlegenheitsgebärden bei Tieren, oder bei einem am Boden liegenden menschlichen Gegner – im Laufe der Zeit deutlich bei Mensch und Tier in ihrer Wirkung nachgelassen haben (Nolting, 2000).

Trotz mehrfacher Kritik an diesem Ansatz der Aggressionsforschung (z. B. dass verhaltensbiologische Beobachtungen eins zu eins auf menschliche Verhaltensweisen übertragen wurden) muss man anmerken, dass dieser Ansatz nicht pauschal Aggression verteufelt, sondern dieser Verhaltensform auch positive Eigenschaften und eine gewisse biologische Notwendigkeit zuschreibt.

Aggression ist aus der **Sicht der Instinkttheorie** ein **angeborenes, instinktives Verhalten,** das jedem Lebewesen innewohnt. Aggressive Verhaltensweisen werden nicht zur eigenen Freude, sondern aus biologischer Notwendigkeit, sprich mit einem biologischen Ziel (z. B. der Arterhaltung) – stets nach dem Motto „survival of the fittest" (Darwin, 1866) – durchgeführt. Das Problem dieser Form der Konfliktbewältigung ist, dass sie dem heutigen Homo sapiens aufgrund von gesellschaftlichen Normen und Konventionen nicht mehr zur Verfügung steht.

4.3 Frustrations-Aggressions-Hypothese nach Dollard et al. (1939)

Bei dieser Theorie wird die Aggression als Folge bzw. Reaktion auf unangenehme Erfahrungen verstanden. Sie fußt dabei auf zwei Annahmen: Zum einen tritt Aggression immer dann auf, wenn eine elementare Bedürfnisbefriedigung bzw. eine relevante Zielerreichung nicht möglich ist, zum anderen hat jede aggressive Handlung ihren Ursprung in einem Frustrationserleben. Dieser Ansatz ist stark von tiefenpsychologischen bzw. psychoanalytischen Ansätzen geprägt, bei denen die Vermeidung von Schmerzen sowie die Suche nach Befriedigung (Triebe) als grundlegende Mechanismen des menschlichen psychischen Geschehens angesehen werden (Dollard et al., 1939).

Das klassische Experiment zur Frustrations-Aggressions-Hypothese

Bei der Untersuchung der Frustrations-Aggressions-Hypothese wurden Kinder im Kindergartenalter in einen Raum geführt, der mit diversen Spielsachen gefüllt war. Die Kontrollgruppe durfte sofort ohne Wartezeit und Einschränkungen mit den Spielsachen spielen. Die Experimentalgruppe wurde zunächst mit einem Gitter daran gehindert, zu den Spielsachen zu gelangen. Erst nach längerer Wartezeit wurde den Kindern der Zugang zu den Spielsachen gewährt. Viele dieser Kinder waren aufgrund der Wartezeit so frustriert, dass sie die Spielsachen noch vor Beginn des Spielgeschehens zerstörten, indem sie diese an die Wand warfen, darauf herumtrampelten oder bei Puppen Körperglieder abtrennten (Roger, Tamara & Kurt, 1941).

Wie aus dem Experiment deutlich ersichtlich ist, entsteht Frustration aus einem subjektiv wahrgenommenen, unangenehmen Erleben. Dabei kann zwischen *Hindernisfrustration* (z. B. Nichterreichen eines Zieles), *Entbehrungsfrustration* (z. B. Mangel an Nahrung) oder *Belästigungsfrustration* (z. B. Angriff, Provokation) unterschieden werden. Das Ereignis wird seitens der Person individuell wahrgenommen, mit dem jeweiligen zur Verfügung stehenden Verhaltensrepertoire bewertet und ggf. kommt es (bei fehlender Hemmung des aggressiven Impulses) zur Aktivierung aggressiver Verhaltensweisen. Die Intensität der Aggression hängt dabei von folgenden Faktoren ab: Grad der Neigung zu Frustrationsreaktionen, Grad der Behinderung einer Reaktion, Anzahl der frustrierenden Reaktionen und Anzahl gelöschter nicht aggressiver Reaktionen (Dollard et al., 1939). Hauptkritik an diesem Erklärungsansatz ist, dass nicht jeder aggressiven Handlung unbedingt eine Frustration vorausgegangen sein muss. Es gibt viele Aggressionsformen, wie bspw. die Nachahmung von Verhalten, bei denen Frustrationserlebnisse keine Rolle spielen. Heute werden Frustrationserlebnisse nur noch als eine von vielen Bedingungen betrachtet. Dennoch hat diese Hypothese einen großen Einfluss auf die Präventionsmaßnahmen, sodass diverse Trainingseinheiten zum Umgang mit Aggressionen Elemente enthalten, die auf Techniken, wie dem Umgang mit Ärger bzw. Frustration, fußen (Scheithauer & Hayer, 2007).

Aggression ist aus Sicht der Frustrations-Aggressions-Hypothese ein **menschliches Verhalten,** das dadurch ausgelöst wird, dass ein **subjektiv wichtig empfundener Zielzustand** nicht erreicht werden kann/konnte bzw. ein elementares Grundbedürfnis nicht befriedigt wird/wurde, was zu einem inneren Frustrationserleben führt. Diese Frustration wird mithilfe von Aggression kanalisiert und nach außen geleitet.

4.4 Lerntheoretische Ansätze

Bei den Lerntheorien gibt es nicht den *einen* Ansatz, der für die Erklärung von aggressiven Verhaltensweisen herangezogen werden kann. Alle Ansätze haben aber gemeinsam, dass Verhalten jeglicher Art (z. B. Schreiben, Kochen, Autofahren) nach wohldefinierten Gesetzmäßigkeiten erlernt wird. Somit ist auch Aggression bzw. aggressives Verhalten erlernt (Scheithauer & Hayer, 2007). Dabei gibt es zwei Lernwege, die beim Erwerb von aggressivem Verhalten eine entscheidende Rolle spielen: das *operante Konditionieren* (Thorndike, 1913) und das *Lernen am Modell* (Bandura, 1979).

Das **operante Konditionieren** (Thorndike, 1913) geht davon aus, dass die Konsequenzen, die auf eine Verhaltensweise folgen, die Wahrscheinlichkeit des Wiederauftretens erhöhen oder verringern. Das Kind bzw. der Jugendliche lernt also aus den Konsequenzen seines Verhaltens.

Das klassische Experiment zum operanten Konditionieren („The puzzle box")

Thorndike (1889) setzte im Rahmen seiner Doktorarbeit Hühner, Katzen und Hunde in selbst gebaute Rätselkäfige („The puzzle box"). Darin mussten die Tiere verschiedene Aufgaben lösen, um sich aus dem Käfig zu befreien; die dazu benötigte Zeit wurde erfasst. Hat sich das Tier aus seinem Käfig befreit, bekam ein Teil der Tiere als Belohnung Futter. Die Folge war, dass die Tiere, die mit Essen belohnt wurden, sich bei darauffolgenden Durchgängen bemühten, die Aufgaben schneller zu lösen, und dies auch schafften. Hier konnte zum ersten Mal nachgewiesen werden, dass positive Konsequenzen ein Verhalten modifizieren können. Erweitert wurde diese Versuchsanordnung durch Skinner (mit der sogenannten „Skinnerbox"; 1956), indem neben der Darbietung positiver Reize auch negative Reize, bspw. in Form von Stromschlägen, verwendet wurden.

Trotz der experimentellen Durchführung an Tieren können die Ergebnisse ebenso auf den Menschen übertragen werden, was auch in zahlreichen Folgeuntersuchungen – mit angepasstem Rahmen – bestätigt wurde (Angermeier, 1976; Mazur, 2011). Daraus resultierten in den letzten Jahrzehnten die vier klassischen Methoden zur Verhaltensänderung: *positive Verstärkung, Bestrafung, negative Verstärkung* und der *Entzug* (siehe Abbildung 4).

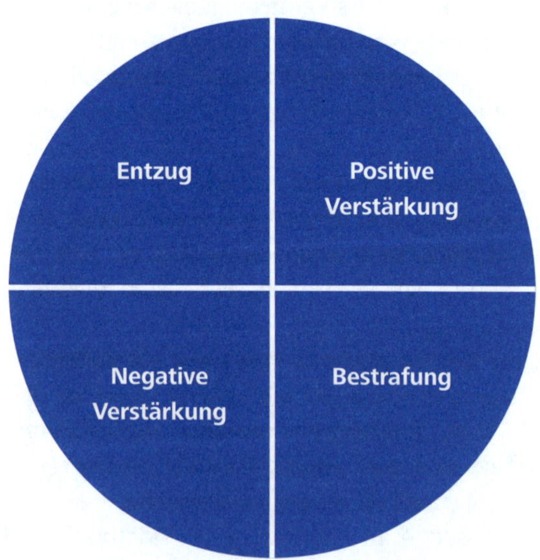

Abb. 4: Die vier klassischen Methoden der Verhaltensmodifikation

Eine Möglichkeit, Verhalten zu formen, ist die **positive Verstärkung**. Hier werden Verhaltensweisen, die in einer bestimmten Ausgangssituation positive Konsequenzen nach sich ziehen (wie bspw. Belohnung oder Lob), mit einer erhöhten Wahrscheinlichkeit wieder gezeigt. Im Kontext der aggressiven Verhaltensweisen sind es für Kinder und Jugendliche vor allem *Verstärker* wie bspw. *Anerkennung, Aufmerksamkeit, Beachtung, Machterleben, Lob* oder die *Erreichung eines persönlichen Zieles.* Möchte ein Kind z. B. eine Schaufel haben, mit der bereits ein anderes Kind spielt, und hat damit Erfolg, wenn es sie dem Kind aggressiv und evtl. auch brutal aus der Hand reißt, ist die Wahrscheinlichkeit stark erhöht, dass der Aggressor dieses Verhalten wieder zeigt. Erfolgt auf ein Verhalten eine negative Konsequenz **(Bestrafung)**, wenn z. B. das Kind nach dem Entreißen der Schaufel geschimpft oder zu einer Wiedergutmachung verpflichtet wird (z. B. Entschuldigungsbild malen), ist die Wahrscheinlichkeit hoch, dass das Verhalten nicht mehr gezeigt wird.

Ebenfalls eine hohe Bedeutung bei aggressiven Verhaltensweisen kommt der **negativen Verstärkung** zu. Diese besagt, dass das Kind durch seine Verhaltensweise einen von ihm negativ empfundenen Umstand beenden oder zumindest reduzieren kann, wie bspw. die Unterbrechung einer unliebsamen Tätigkeit. Ist ein Schüler im Unterricht sehr aggressiv und wird deswegen jedes Mal des Unterrichts verwiesen oder gar von den Eltern abgeholt und nach Hause geschickt, könnte das für den Jungen eine negative Verstärkung darstellen, da er dem vermeintlich „unliebsamen" Unterricht entkommen kann. Die letzte Methode ist der **Entzug**, der darin besteht, dass der Person bei Fehlverhalten ein positiver Umweltzustand genommen wird, wie beispielsweise durch Hausarrest oder PC-Verbot. Hier wird das Fehlverhalten indirekt bestraft, indem etwas Angenehmes, wie bei vielen Jungen das Toben mit Freunden oder das Spielen am PC, untersagt wird. Eine Zusammenfassung über die Maßnahmen bietet Tabelle 2.

Tab. 2: Überblick über verschiedene Formen der Verstärkung am Beispiel Schule

Art der Sanktionierung	Beispiel	Wahrscheinlichkeit, dass das gezeigte Verhalten wiederholt wird
Positive Verstärkung	Fleißig für einen Leistungsnachweis gelernt. → Gute Note Verhalten wird belohnt.	⬆ **Hoch**
Bestrafung	Hausaufgabe nicht gemacht. → Zusatzaufgabe Verhalten wird sanktioniert.	⬇ **Gering**
Negative Verstärkung	Kind war im Unterricht fleißig. → Keine Hausaufgaben Verhalten entfernt negativen Reiz.	⬆ **Hoch**
Entzug	Kind hat Mitschüler geschlagen. → Ausschluss von der Klassenfahrt Verhalten führt zum Entzug eines positiv bewerteten Zustandes.	⬇ **Gering**

Generell wirken Verstärker bei jeder Person sehr individuell, dennoch haben sich nach Studien sowie nach praktischen Erfahrungen die positive sowie die negative Verstärkung besonders bewährt, wenn es darum geht, ein Verhalten zu ändern (Gerrig & Zimbardo, 2018; Mazur, 2011; Thorndike, 1913).

Das Lernen am Modell (auch als *Beobachtungslernen* bzw. *Imitationslernen* bezeichnet; Bandura, 1979) geht davon aus, dass durch das bloße Beobachten von aggressiven Modellen dieses Verhalten vom Beobachter nachgeahmt und erlernt werden kann.

Das klassische Experiment zum Lernen am Model („Bobo-doll-Experiment")

An dieser Untersuchung haben Kinder im Alter zwischen drei und sechs Jahren teilgenommen. Den Kindern wurde ein Film vorgeführt, bei dem ein Erwachsener (namens „Rocky") eine große Plastikpuppe (namens „Bobo") mehrfach geschlagen, getreten, zu Boden geworden und beschimpft hat. Der Film endete in drei verschiedenen Variationen: a) Rocky wird am Ende für sein Verhalten gelobt und erhält Süßigkeiten als Belohnung b) Rocky wird am Ende des Films getadelt und wird mit Schlägen bestraft und c) das Geschehen bleibt unkommentiert. Anschließend wurden die Kinder in ein Zimmer geführt, in dem die gleichen Gegenstände, wie bspw. der Baseballschläger, aus dem Film vorhanden waren. Die Puppe „Bobo" befand sich ebenfalls im Raum. Die Bereitschaft zu aggressiven Verhaltensweisen war bei den unterschiedlichen Gruppen (eingeteilt nach dem jeweiligen Ausgang des Films) verschieden ausgeprägt. Endete der Film mit einer Belohnung für Rocky, zeigten die Kinder eine deutlich höhere Bereitschaft zur Gewalt. Die Kinder, die zuvor die Bestrafung Rockys gesehen hatten, waren deutlich weniger aggressiv. Die Gruppe mit dem neutralen Ende zeigte ein ähnlich aggressives Verhalten wie die Gruppe, der das Lob gezeigt wurde (Bandura, 1965; Bandura, Ross & Ross, 1963).

Die Ergebnisse dieser Untersuchung kann man eins zu eins auf den heutigen Alltag übertragen. Manche Eltern reagieren in gewissen Situationen sehr aggressiv, indem sie sich bspw. gegenseitig anbrüllen, schlagen oder diese Verhaltensweisen sogar bei ihren Kindern anwenden. Das Risiko ist hierbei groß, dass gerade leicht beeinflussbare Kinder die vorgeführten Aggressionen als Mittel zu Problemlösungen „wahrnehmen" und bei Bedarf einsetzen. Besonders einflussreich gelten dabei Modelle mit hohem „Attraktivitätsfaktor", wie Eltern, Klassenkameraden oder auch Figuren aus Fernsehen, Videospielen und sozialen Netzwerken. Welchen genauen Einfluss der intensive Medienkonsum sowie das Spielen von gewaltverherrlichenden Computerspielen auf das Imitationslernen haben, wird an einer anderen Stelle im Buch ausführlicher erläutert (siehe Kapitel 6.6: *Umweltfaktoren – Medienkonsum*).

Neben dem Status des Modells hat vor allem die gezeigte Konsequenz auf das Verhalten einen entscheidenden Einfluss auf die Nachahmung des Verhaltens. Wird der Aggressor bspw. dafür belohnt bzw. bekommt das, was er mit dem Verhalten erreichen wollte (z. B. einen speziellen Sitzplatz im Bus), ist die Wahrscheinlichkeit, dass der Beobachter das Verhalten imitiert, fast doppelt so hoch wie bei einer negativen Konsequenz (Bandura, Ross & Ross, 1963). Doch nicht nur Erwachsene können als Vorbild agieren. So haben gerade im Alter der Adoleszenz Gleichaltrige und Freunde einen erheblichen Einfluss auf das jugendliche Verhalten (Petermann, Niebank & Scheithauer, 2004).

Aus der Sicht der Lerntheorien ist Aggression ein vollständig erlerntes Verhalten, wie z. B. Schreiben oder Fahrrad fahren. Eine entscheidende Rolle beim Erwerb von Verhaltensweisen spielen Verstärker, wie Belohnung oder Bestrafung, die unmittelbar als Konsequenz auf ein Verhalten folgen. Auch der Einfluss von Eltern, Pädagogen sowie Peers auf jugendliche Verhaltensweisen durch den Vorgang des Imitationslernens ist nicht zu unterschätzen.

4.5 Zusammenfassende Bewertung der Theorien

Aggressivität sowie die daraus resultierenden Verhaltensweisen sind ein Trieb, der jedem Lebewesen innewohnt. Sie haben aus der Sicht der Trieb- und Instinkttheorie einen biologischen sowie psychologischen Sinn. Aggressives Verhalten dient vor allem dazu, Ressourcen und Nahrung zu gewinnen, die Rangordnung innerhalb einer Gruppe neu zu definieren, seine Familie zu schützen oder einfach nur dazu, einen passenden Partner zur Fortpflanzung zu finden. Somit hat die zielgerichtete und strategisch angewendete Aggression etwas Gutes, wenn nicht sogar etwas Notwendiges an sich. Sie dient neben der Bewahrung von Erreichtem auch der Erlangung eines speziellen Zieles und dem persönlichen Vorankommen. Auf den Homo sapiens angepasst könnte man sagen, dass eine „aggressive" Person als durchsetzungsfähig und entscheidungsfreudig gilt, die ihre eigenen Interessen nachhaltig vertritt. In der heutigen Zeit ist allerdings zunehmend die Tendenz zu erkennen, dass aggressives menschliches Verhalten unerwünscht ist. Das fängt damit an, dass man in der westlich orientierten Welt diplomatische Verhandlungen kriegerischen Auseinandersetzungen zur Problemlösung vorzieht. Diese Entwicklung ist sicherlich gemeinhin positiv zu bewerten. Auch im persönlichen Alltag begegnet jedem von uns diese „anti-aggressive Erziehungsphilosophie". So kennt sicherlich jeder irgendein Kind, meistens einen Jungen, der in der Schule für sein aggressives Verhalten von der Lehrkraft bestraft wurde. Neben den klassischen Methoden (z. B. Verweis) erfreut sich auch das System der Streitschlichter (Ältere, speziell ausgebildete Schüler, die mittels Kommunikation zur Lösung eines Problems zwischen zwei „Streithähnen" beitragen sollen), immer größerer Beliebtheit, sodass sich „aggressive Schüler" häufig für einen Besuch bei diesen verpflichten müssen. Immerhin ist es ja die Aufgabe der Schule, den Kindern aufzuzeigen, dass Aggression – wohlgemerkt mittlerweile – keine akzeptable Lösungsstrategie ist und sie stattdessen einen Konflikt lieber mit Worten lösen sollen. Objektiv betrachtet ist an diesem Ansatz auch erst einmal nichts Schlechtes zu finden. Versetzt man sich aber in die Lage des Schülers, so muss sich der ein oder andere wahrscheinlich eingestehen, dass er den aggressiven Lösungsversuch in bestimmten Situationen nicht nur vielleicht verstehen, sondern sogar gutheißen kann. Dies zeigt wiederum, dass ein natürlicher Trieb auch durch „Domestizierungsversuche" pädagogischer Natur nie vollständig gebändigt oder abgestellt werden kann.

Ebenso belegen Erkenntnisse aus der Genetik (siehe Kapitel 6.1: *Persönliche Faktoren – das Geschlecht*), dass Aggressivität eine erbliche Disposition hat. Sicherlich hat auch der lerntheoretische Ansatz seine Berechtigung und kann das Auftreten von aggressivem Verhalten erklären. Da aber das Imitationslernen voraussetzt, dass irgendjemand als Vorbild agiert hat und das aggressive Verhalten als Problemlösungsstrategie gezeigt haben muss, stellt sich früher oder später die Frage, wer den Prozess des Lernens gestartet hat? Wer war der erste Aggressor? Das Problem der Ersten Ursache ist bereits in der Antike, z. B. in der Metaphysik des Aristoteles, zu finden, der den Ursprung aller Dinge im sog. „unbewegten Erstbeweger" sah, der später wiederum gerne mit Gott gleichgesetzt wurde. Folgt man diesem Gedankenexperiment, so müsste es einmal einen Menschen gegeben haben, der aggressives Verhalten zeigt, ohne es jemals durch Beobachtung gelernt zu haben. Natürlich liegt die Vermutung nahe, dass der Homo sapiens aggressive Konfliktlösung bei anderen Lebewesen (z. B. bei unseren nächsten Verwandten den Menschenaffen) beobachten konnte. Nichtsdestotrotz zeigt dieser Exkurs in philosophische Betrachtungen hoffentlich auf, dass ein reines Imitationslernen bei Aggression (und damit auch die Möglichkeit des Verlernens) eher unwahrscheinlich erscheint. Derartige Überlegungen sind vor allem für den Umgang mit Aggression in der pädagogischen Praxis relevant: Man sollte sich also stets bewusst sein, dass gewisse Verhaltensweisen trotz großen Bemühens u. U. nie vollständig verschwinden werden.

Neben dieser Erkenntnis ist ebenfalls von Bedeutung, dass unangepasstes Verhalten, besonders bei Kindern und Jugendlichen, sehr häufig aus einem Frustrationserleben entstehen kann. Gerade in der Zeit der Adoleszenz bieten sich hier viele Situationen an: Probleme mit den schulischen Leistungen, Konflikte mit den Eltern und Freunden, unerwiderte erste Liebe usw. Viele Jugendliche wissen dann nicht, wie sie mit dem Gefühl der Frustration, der Zurückweisung oder evtl. auch der Unterlegenheit umgehen können, und reagieren aggressiv, wobei Jungen generell andere Strategien als Mädchen verwenden (Aggression nach außen vs. nach innen gerichtet; siehe auch Kapitel 6.1: *Persönliche Faktoren – das Geschlecht*), aber der Auslöser – die Frustration – ist allen gemeinsam.

Abschließend sollte noch erwähnt werden, dass Verhalten durch zielgerichtete und angepasste Konsequenzen effizient modifiziert werden kann. Dieses Wissen ist vor allem im häuslichen und schulischen Setting wichtig, weil hier sozial konformes Verhalten zum Erreichen der Erziehungs- und Bildungsziele elementar ist. Um die adäquaten Maßnahmen aber ergreifen zu können, muss man neben den bereits aufgezeigten Ursachen auch die psychologischen Grundbedürfnisse im Blick behalten, die im nächsten Kapitel ausgiebig erläutert werden.

Ein neuer Ansatz der Aggressionsforschung – psychologische Grundbedürfnisse und Aggression

In der Geschichte der Psychologie wurden über Jahrzehnte verschiedenste Formen psychologischer menschlicher Grundbedürfnisse postuliert. Angefangen bei Freuds (1915) Triebtheorie, in der der Lebenstrieb „Eros" dem Todestrieb „Thanatos" gegenübersteht, den wiederum Freud als wichtigste Antriebsfeder menschlichen Verhaltens sieht. Später kamen weitere Erkenntnisse bspw. aus der Humanistischen Psychologie hinzu, dass nicht alle menschlichen Bedürfnisse in ihrer verhaltensgenerierenden Wirkung gleich stark sind. Das bedeutet, dass menschliche Bedürfnisse nach Prioritäten befriedigt werden und sich somit zwangsläufig eine Hierarchie derselben ergeben muss, die Abraham Maslow – der bekannteste Vertreter der Humanistischen Psychologie – 1954 in Form einer Pyramide darstellt. Diese verfügt über fünf Ebenen (siehe Abbildung 5) und wird im Folgenden genauer erläutert.

Abb. 5: Die menschlichen Bedürfnisse nach Maslow (1954)

5.1 Die menschlichen Bedürfnisse nach Maslow (1954)

Das Fundament bilden die physiologischen Bedürfnisse, die die Grundlage der menschlichen Existenz sind. Hierzu zählen bspw. die Aufnahme von Nahrung sowie regelmäßiger Schlaf. Sind diese Bedürfnisse befriedigt, tauchen neue auf, die zur Sicherheit der Existenz notwendig sind (z. B. materielle Absicherung, Arbeit und Beruf, Familie usw.).

▶ Aus der Praxis: Grundbedürfnisse und Schule – das Schulfrühstück

Mittlerweile liest man in den Medien sehr viel über diverse Vereine, Organisationen usw., die ein Frühstück für Schüler in Schulen ausrichten. Der Hintergrund dieser Maßnahmen ist sicherlich ein pädagogischer Gedanke: Kinder, die aus schwierigen Verhältnissen kommen und nicht wie andere Kinder ein Frühstück zu Hause bekommen haben, sollen dieses in der Schule erhalten, damit sie „gut" in den Tag starten können. Aus der Sicht der Psychologie kann man hier aber auch von der Erfüllung gewisser menschlicher Grundbedürfnisse ausgehen. Wenn die Primärbedürfnisse wie Hunger, Durst usw. nicht gesättigt bzw. befriedigt sind, kann das Erreichen der nächsthöheren Stufen nach Maslow nicht erfolgen, da diese defizitären Bereiche priorisiert werden und dadurch das menschliche Handeln bestimmen. Kognitive Leistungen, soziales Engagement im Klassenverband usw. sind damit nur schwer zu erbringen, weil das Fundament für physiologisches Wohlergehen fehlt. Daher ist es aus pädagogischer sowie als psychologischer Sicht durchaus sinnvoll, wenn Eltern und Pädagogen darauf achten, dass Kinder satt und sauber in die Schule kommen, weil damit der Grundstein für einen erfolgreichen Tag gelegt ist.

Ist der Mensch nun satt, ausgeschlafen und hat einen Beruf, steigt der Wunsch nach sozialen Interaktionen, was nach Maslow die nächste Ebene bildet (soziale Bedürfnisse). Dazu werden u. a. Freundschaften, Gruppenzugehörigkeit bzw. Zugehörigkeitsgefühl, Kommunikation mit anderen, sozialer Austausch und Beziehungen gezählt. Die vorletzte Stufe mit den Motiven nach Erfolg, mentaler Stärke, Prestige, Wertschätzung und Anerkennung bilden die **Individualbedürfnisse**, die bei Menschen je nach Alter und Geschlecht sehr spezifisch sind. Die bereits genannten Bedürfnisse sind nach Maslow sogenannte *Defizitbedürfnisse,* die bei einem Mangel handlungsaktivierend sind. So holt man sich bspw. ein Glas Wasser, wenn man durstig ist, man legt sich hin, wenn man müde ist, usw. Die Alternative dazu stellt das sogenannte *Wachstumsbedürfnis* dar, das lediglich dazu dient, den Menschen persönlich nach vorne zu bringen, ohne dass ein grundlegendes Defizit vorliegt. Diese Kräfte wirken aber nur auf der letzten Ebene, der **Selbstverwirklichung**, der Spitze der Bedürfnispyramide. Hier geht es vor allem um die Tendenz, das eigene Leistungspotenzial voll auszuschöpfen und das zu werden, was einem anlagebedingt möglich ist.

Das Problem bei vielen Modellen, die sich der Frage der menschlichen Bedürfnisse widmen, ist, dass sie häufig nur auf theoretischen Annahmen basieren und wenig überprüfbare Evidenz aufzeigen. Im Folgenden wird nun ein Modell vorgestellt, das neben einer theoretischen Fundierung auch auf neurobiologischen Befunden basiert (Borg-Laufs, 2010; Grawe, 2004; Grawe, 2000). So wurden die einzelnen psychologischen Grundbedürfnisse im Modell nach Grawe durch zahlreiche psychologische sowie neurobiologische Studien verifiziert (Baumeister, 1993; Brown, Novick, Lord & Richards, 1992; Cacioppo, Crites & Gardner, 1996; Huether, 1998; Kraemer, 1992).

5.2 Psychische Grundbedürfnisse nach Grawe (2004)

Psychologische Grundbedürfnisse nach Grawe (2004) sind *„Bedürfnisse, die bei allen Menschen vorhanden sind und deren Verletzung oder dauerhafte Nichtbefriedigung zu Schädigungen der psychischen Gesundheit und des Wohlergehens führen"* (Grawe, 2004, S. 185). Grawe postulierte vier psychologische Bedürfnisse: **Bedürfnis nach Bindung, nach Selbstschutz und Selbstwerterhöhung, nach Kontrolle und Orientierung** sowie nach **Lustgewinn**. Diese Grundbedürfnisse haben im Gehirn ihre eigenen neuronalen, autonomen Schaltkreise, die aber in enger Interaktion miteinander stehen und sich auch gegenseitig hemmen und aktivieren können. Menschen versuchen in allen vier Grundbedürfnissen Befriedigung zu erzielen und zeigen dementsprechend Verhaltensweisen, die zu einer Erfüllung dieser Grundbedürfnisse führen.

5.2.1 Das Bedürfnis nach Bindung

Das Bindungsbedürfnis kann als das empirisch am besten abgesicherte Grundbedürfnis betrachtet werden. Unter Bindung versteht man in der Psychologie ein dauerhaftes emotionales Band von Kindern oder auch von Jugendlichen zu wichtigen Bezugspersonen. Dieses entsteht vor allem durch emotionale Verfügbarkeit und feinfühliges Verhalten der Bezugsperson (Brisch, 2018). Hauptbezugsperson für Säuglinge, Kleinkinder sowie Schulkinder ist in der Regel die Mutter, können aber auch der Vater oder die Großeltern sein. Entscheidend ist, dass die Kinder wissen, dass diese Person in jeder Lebenssituation für sie da ist und somit einen sicheren emotionalen Hafen für das Kind bildet.

Das klassische Experiment zur Erfassung des Bindungsverhaltens (Der Fremde-Situations-Test; FST)

Bei diesem entwicklungspsychologischen Experiment handelt es sich um eine experimentelle Testsituation, bei dem die Beziehungsqualität zwischen dem Kind und in der Regel der Mutter bestimmt werden soll. Dazu müssen Kinder im Alter zwischen 12 und 18 Monaten zusammen mit ihrer Mutter einen Raum betreten, in dem sie eine typische Alltagssituation vorfinden: Tisch, Stühle, Spielsachen usw. In insgesamt acht vorgeschriebenen Episoden werden die Kinder zweimal kurzzeitig von ihrer Mutter getrennt und anschließend wieder vereint. Die Abfolge ist präzise festgelegt und wird auch dokumentiert:

- *Mutter und Kind betreten das Spielzimmer.*
- *Sie akklimatisieren sich und das Kind kann den ungewohnten Raum erkunden.*
- *Eine fremde Frau tritt ein und nimmt mit der Mutter und dem Kind Kontakt auf.*
- *Die Mutter geht und die Fremde bleibt mit dem Kind zurück.*
- *Die Mutter kehrt zurück und die Fremde geht.*
- *Die Mutter verlässt erneut den Raum, aber das Kind bleibt allein zurück.*
- *Die fremde Person kommt hinzu.*
- *Die Mutter erscheint und die Fremde geht.*

Untersucht wird hierbei von den Testleitern, die sich hinter einem sizilianischen Spiegel befinden, wie sich das Kind beim Trennungs- und beim Wiedervereinigungsprozess mit der Mutter verhält (Ainsworth, Blehar, Waters & Wall, 1978).

Anhand der Untersuchungen können insgesamt vier Muster bzw. Typen des Bindungsverhaltens bestimmt werden (siehe Abbildung 6; siehe auch Köhler-Saretzki, 2016):

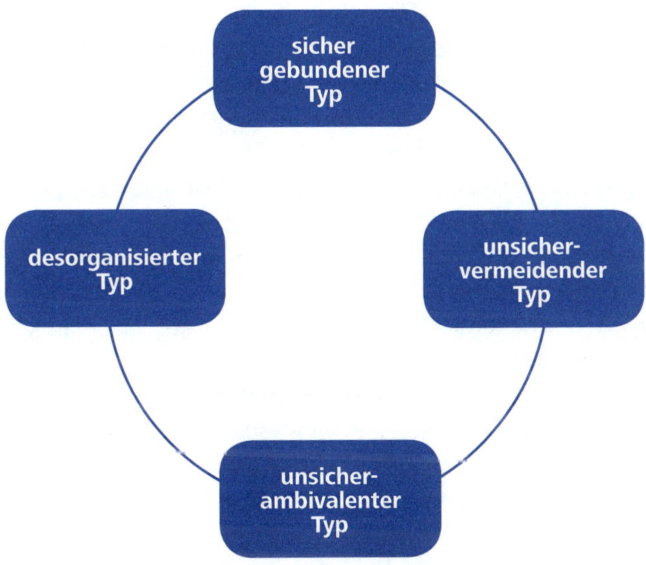

Abb. 6: Die vier Bindungstypen nach Ainsworth et al. (1978)

Sicher-gebundenes Bindungsverhalten und sicheres/gefestigtes Beziehungsverhalten. Die Kinder schreien und protestieren zwar, wenn die Mutter das Zimmer verlässt, erkunden dann aber nach einer gewissen Zeit relativ sicher das Zimmer und probieren auch verschiedene Spielsachen und Materialien aus. Sie lassen sich von der fremden Person trösten und treten mit dieser in Interaktion. Bei der Wiederbegegnung mit der Mutter zeigen die Kinder eine deutliche Freude, indem sie bspw. intensives Kuschelverhalten an den Tag legen. Die sicher-gebundenen Kinder erleben ihre Bezugsperson demnach als sicheren emotionalen Hafen. Die Kinder wissen, selbst wenn sich die Bezugsperson nicht direkt im Raum befindet, dass sie bei Problemen usw. zur Stelle ist. Somit konnte sich bei den Kindern ein gesundes Sicherheitsgefühl entwickeln. Diese Kinder werden seitens der Eltern wertgeschätzt und bei der Regulation ihrer Gefühle, wie Freude und Angst, unterstützt bzw. angeleitet.

Unsichere Bindung mit vermeidendem Beziehungsverhalten. Bei diesem Typ zeigen die Kinder keine deutlichen Trennungsreaktionen wie Trauer oder Furcht. Gefühle werden bewusst nicht dargestellt bzw. die Kinder resignieren und unterlassen jede Form der Gefühlsäußerung. Zudem wirken diese Kinder wenig beeindruckt, wenn die Bezugsperson das Zimmer verlässt. Die Probanden erkunden dann den Raum ausgiebig und nehmen sehr gerne die fremde Person als Interaktionspartner an, die auch häufig bei der Wiederkehr der Bezugsperson präferiert wird. Die eigentliche Bezugsperson wird beim Wiederbetreten des Raumes oft ignoriert und es sind in der Regel keine Anzeichen von Wiedersehensfreude oder ähnlichen Handlungen bemerkbar. Unsicher-vermeidende Kinder haben gelernt bzw. erfahren, dass ihre Bezugsperson überwiegend abweisend auf ihre Annäherungen reagiert. Solche Kinder ziehen daher die Konsequenz, dass das Zeigen von Gefühlen und Emotionen weder positive noch negative Folgen auf die Beziehungsebene hat und dementsprechend wird dieser Interaktionskanal geschlossen. Somit zeigen diese Kinder im späteren Entwicklungsverlauf als Jugendliche und/oder Erwachsene nicht an, wenn es ihnen schlecht geht, weil sie es gewohnt sind, dass auf ihre Bedürfnisse ohnehin nicht eingegangen wird.

Unsichere Bindung und ambivalentes Beziehungsverhalten. Diese Kinder zeigen extreme Trennungsreaktionen, wenn die Bezugsperson das Zimmer verlässt. Das äußert sich in starkem Weinen, Schreien, Klammern an der Bezugsperson bis hin zum Hinterherlaufen an die Türe und das Schlagen gegen dieselbe. Auch bei der Wiederkehr wird die Bezugsperson sofort „überfallen“, festgehalten und die Kinder sind trotz der erneuten Anwesenheit der Mutter nicht mehr zu beruhigen. Bei der Trennung selbst lassen sich die Kinder kaum durch die fremde Person im Zimmer beruhigen und gehen mit ihr auch keine Interaktion ein, selbst wenn die Bezugsperson im Raum ist. Unsicher-ambivalente Kinder erleben ihre Bezugspersonen als unberechenbar. Hier ist eine Erziehungssituation, die von fehlender Kontinuität in den Verhaltensmustern seitens der Eltern geprägt ist, gegeben. So kann ein Verhalten vonseiten des Kindes an einem Tag mit Hausarrest oder Schlägen sanktioniert werden, während es für das gleiche Vergehen einen Tag später keine Reaktion erfährt. Dieses Verhalten führt zu einer massiven Verunsicherung beim Kind, was wiederum zu einer starken emotionalen Instabilität führt.

Unsichere Bindung mit desorganisiertem Beziehungsverhalten. Bei desorganisierten Kindern ist gar kein Bindungsverhalten, weder bei der Trennung noch bei der Wiedervereinigung, erkennbar. Diese Kinder verfügen über keinerlei alltagstaugliche Strategien, um mit Trennungs- und Wiedervereinigungsprozessen umzugehen. So zeigen diese Kinder stellenweise bizarre, völlig unpassende Verhaltensweisen in Stresssituationen, wie bspw. Erstarren, Einfrieren von Bewegungen oder sogar massive Aggressionen gegenüber Personen oder die Zerstörung von Gegenständen. Die vorherrschenden Gefühle bei diesen Kindern sind Ohnmacht, Hilflosigkeit und Kontrollverlust, was sie durch eine Überforderungsreaktion wie aggressives Verhalten auszugleichen versuchen. Kinder, die so ein Bindungsverhalten zeigen, wurden häufig in frühen Jahren emotional stark vernachlässigt oder gar missbraucht und verfügen deshalb über keine Strategien, emotionale Belastungssituationen adäquat zu lösen. Zudem gilt dieser Bindungstyp als großer Risikofaktor für spätere Bindungspathologien (Steinhausen, 2019).

Für die Entwicklung der Bindungstypen sind vor allem die ersten zwei Lebensjahre entscheidend, weil hier das sogenannte Urvertrauen ausgebildet wird. Darunter versteht man im Allgemeinen ein aus einer intensiven Mutter-Kind-Beziehung (kann aber auch der Vater sein) entstandenes natürliches Vertrauen des Kindes in seine Umwelt. Diese Erfahrungen aus der Frühkindheit sind von entscheidender Bedeutung und prägen eine Person ein Leben lang. Die erlebte Bindungsart ist auch später in der Psyche als Modell repräsentiert und beeinflusst Emotionen sowie das Verhalten in verschiedensten Lebensbereichen und gegenüber anderen Personen. Demgegenüber stehen allerdings neuere Erkenntnisse aus der Entwicklungspsychologie, die zeigen, dass die Stabilität der Bindungsmuster, mit dem das eigene Beziehungsverhalten durch die frühkindliche Bindung beeinflusst wurde, mit zunehmendem Alter abnimmt und von äußeren Einflüssen, wie bspw. durch die stabile Beziehung zu einer neuen Bezugsperson, positiv beeinflusst werden kann (Jungmann & Reichenbach, 2016; Spangler & Zimmermann, 2019).

Die frühen Bindungserfahrungen können Risiko- oder Schutzfaktor für spätere psychische Auffälligkeiten sein. Sichere Bindungserfahrungen bilden demnach einen lebenslangen Schutz und haben Einfluss bis ins Erwachsenenalter. So zeigen Studien, dass sicher-gebundene Kinder sich als Jugendliche und als Erwachsene sozial-kompetenter verhalten, während unsicher-gebundene Kinder und Jugendliche zu größerem Misstrauen gegenüber anderen neigen, zur Idealisierung ihrer eigenen Kompetenzen tendieren und diese vermeintlichen Kompetenzen auch intensiv in interpersonellen Kontakten betonen (Grossmann & Grossmann, 2008).

Zahlreiche psychische Erkrankungen haben ihren Ursprung ebenfalls in ungünstigen Bindungserfahrungen. So gibt es Belege dafür, dass Kinder und Jugendliche mit Bindungsunsicherheiten auch vermehrt Essstörungen und Depressionen entwickeln und/oder ein negatives Selbstbild von sich selbst haben (Madigan, Brumariu, Villani, Atkinson & Lyons-Ruth, 2016). Kinder mit unsicheren Bindungserfahrungen zeigen in emotionalen Konflikt- und Stresssituationen ebenso vermehrt aggressive Verhaltensweisen (Grossmann & Grossmann, 2017; Savage, 2014). Das hat zur Folge, dass bei straffälligen Jugendlichen, die ein starkes delinquentes Verhalten zeigen, der sicher-gebundene Bindungsstil deutlich unterrepräsentiert ist (Roß, 2000). Falls man dem unsicheren Bindungsstil nicht frühzeitig entgegenwirkt, kann man davon ausgehen, dass die Prägung dieses Bindungsstils so stark ist, dass man damit aussagekräftige Prognosen für die Auftretenswahrscheinlichkeit von aggressivem Verhalten treffen kann (Gomez & McLaren, 2007).

Eine Begleiterscheinung zur Entwicklung des Bindungsstils ist die Entwicklung der Emotionsregulation. Fehlende positive Bindungsbeziehungen gehen mit vermehrten negativen Gefühlen und Schwierigkeiten bei deren Regulation einher. So benutzen Kinder und Jugendliche mit negativen Bindungserfahrungen in Problemsituationen eher negative bzw. maladaptive Strategien, wie schnelles Aufgeben, sozialer Rückzug, Selbstabwertung oder auch aggressives Verhalten (Beetz, 2013; Grob & Smolenski, 2005; Zimmermann, 2002). Nach Zimmermann (2002) basiert die Verwendung verschiedener Emotionsregulationsstrategien auf den unterschiedlichen Bindungserfahrungen in der frühen Kindheit, v. a. auf der Erfahrung zuverlässiger und adäquater sozialer Unterstützung durch die Bindungspersonen. Da sicher-gebundene Kinder und Jugendliche direkt und offen mit der Bindungsperson kommunizieren können, nutzen sie weniger vermeidende oder problemleugnende Strategien (Becker-Stoll, 2002).

▶ Aus der Praxis: Bindungsvermögen und Umgang mit Gefühlen gehen Hand in Hand!

Viele Eltern wollen immer gerne einen Ratgeber an die Hand bekommen, um darin nachzulesen, wie man das Kind optimal fördert. Im Bereich des Bindungsaufbaus sowie bei der Anleitung beim Umgang mit Gefühlen und sozial-kompetentem Handeln kann man einfach seiner Intuition vertrauen.
Ein Beispiel aus dem Alltag: Zwei Brüder spielen gemeinsam im Zimmer. Auf einmal springt der Jüngere (3 Jahre alt) auf und drückt seinen älteren Bruder (5 Jahre) ganz fest am Hals, bis dieser keine Luft mehr bekommt. Der Ältere wehrt sich natürlich und stößt seinen jüngeren Bruder weg, sodass dieser zu Boden geht. Das Geschrei beginnt. Als Eltern kann man jetzt dazu neigen, für Ordnung zu sorgen und zu schimpfen. Förderlicher wäre aber in dieser Situation, nachzufragen, was konkret der Anlass dieser Auseinandersetzung war. So wird der Jüngere vielleicht sagen, dass er seinen älteren Bruder gern hat und ihn deshalb umarmen wollte. Und genau hier kann man ansetzen: Hier wäre die ideale Lösung, dem Jüngeren zu sagen, dass es absolut normal ist, dass man sein Geschwisterkind gern hat und es auch zeigen möchte *(Empathie; Gefühle reflektieren),* aber dass Luftabdrücken nicht die geeignete Methode ist, dieses zu zeigen, weil das wehtut usw. Besser wäre es, ein Küsschen auf die Backe zu geben oder leicht zu umarmen *(alternative Handlungsweisen anbieten bzw. anleiten).*

Ein anderes Beispiel, an dem man sehen kann, wie es nicht laufen sollte, ist das einer Patientin, die als Kind alleine auf dem Dachboden schlafen musste, weil sich ihr Zimmer dort befand. Das machte dem 6-jährigen Mädchen damals Angst. Als sie größer wurde, ging sie zu ihrer Mutter und bat sie um Hilfe. Auf die Äußerung, dass sie in ihrem Zimmer Angst habe und nicht schlafen könne, kam häufig die Reaktion: „Vor was hast du Angst? Da oben ist doch niemand außer dir!" *(keine Empathie, keine Reflexion der Gefühle).* Auch die Hoffnung, eine Strategie zu erhalten, wie man besser schlafen kann (z. B. der Einsatz eines „Schlaflichts", Vorlesen einer Gutenachtgeschichte usw.), wurde nicht erfüllt, da dem Kind nur geraten wurde: „Mach einfach die Augen zu!". Es wurden also keine neuen Handlungsweisen angeboten bzw. angeleitet. Dass ein Kind mit solchen Erfahrungen, Defizite im Bindungsverhalten und im Bereich der Regulation von Gefühlen aufzeigt, ist offensichtlich. Das Mädchen hat nie gelernt, wie sie mit negativen Gefühlen, in ihrem Fall Angst, adäquat umgehen kann/soll, und war bei deren Bewältigung immer auf sich allein gestellt, was sich bis in die Adoleszenz in stark erlebten Stresssituationen im privaten oder schulischen Bereich immer noch in Form von bspw. autoaggressivem Verhalten äußerte.

5.2.2 Das Bedürfnis nach Selbstwerterhöhung und Selbstschutz

Das *Bedürfnis nach Selbstwerterhöhung und Selbstwertschutz* hebt sich dadurch von den anderen ab, dass es ein spezifisch menschliches Bedürfnis ist. Unter *Selbstwertgefühl* wird allgemein die Einstellung zu sich selbst bezeichnet (Rosenberg, 1965). Für Harter (1995) repräsentiert der Selbstwert das Ausmaß, inwieweit sich eine Person selbst mag, akzeptiert bzw. respektiert. Zudem möchte aber auch jeder Mensch von seinen Mitmenschen als kompetent, wertvoll und geliebt wahrgenommen werden. Diese Homöostase (Gleichgewicht) zwischen der eigenen, möglichst realistischen Selbsteinschätzung auf der einen Seite sowie den Rückmeldungen seitens der Umwelt auf der anderen Seite stellt einen schützenden Faktor dar und wird auch als das Bedürfnis nach *Selbstwertschutz* bezeichnet. Werden nun negative Erfahrungen mit der Umwelt gemacht – z. B. mit Eltern, Freunden usw. –, werden Strategien in Gang gesetzt, wie bspw. oppositionelles oder aggressives Verhalten, mit denen diese negativen Situationen abgewehrt werden können. Das starke Streben nach Selbstwertschutz ist besonders bei Kindern und Jugendlichen mit geringem Selbstwertgefühl ausgeprägt (Schütz, 2003).

Für die Entwicklung eines gesunden Selbstwertes bzw. Selbstschutzes bei Kindern und Jugendlichen sind verschiedene Faktoren entscheidend. So stellte Jaffe (1998) in Studien fest, dass gerade bei Kindern *negatives Feedback* von vertrauenswürdigen Bezugspersonen, ein *autoritärer Erziehungsstil* sowie das elterliche *Streben nach Perfektion und Leistung* des Kindes großen Einfluss hat, da sich diese Faktoren *eher negativ* auf die Entwicklung eines gesunden Selbstwertes auswirken (vgl. auch Schütz, 2003). Besondere Defizite im Bedürfnis des Selbstwertes zeigen Kinder und Jugendliche auf, die körperliche, aber auch *seelische Misshandlungen* oder ständige *Abwertungen* wie: „Du bist nichts wert.", „Du bist der letzte Depp!" oder „Wegen dir haben wir kein Geld." erfahren haben. Kinder, die über längere Zeit und kontinuierlich selbstwertbedrohliche Aussagen und Handlungen erlebt haben, sind nie in der Lage gewesen, ein gesundes und altersgemäßes Selbstwertgefühl auszubilden. Gerade in jungen Jahren – umso jünger, desto stärker – sind Kinder von den Rückmeldungen seitens der Bezugspersonen, meist der Eltern, besonders abhängig. Somit kann festgestellt werden, dass die frühen Bindungserfahrungen einen erheblichen Einfluss auf die Entwicklung des Selbstwertgefühles haben (Grossmann & Grossmann, 2017; Potreck-Rose & Jacob, 2018). Im weiteren Entwicklungsverlauf gewinnen zunehmend Medien und Freunde eine größere Bedeutung, da sie einen Beitrag zur Identitätsfindung der Jugendlichen leisten, indem sie Identifikationsmöglichkeiten bieten bzw. Lebensstile und Bestätigung der Selbstdarstellung ermöglichen (Grossmann & Grossmann, 2017; Oerter & Montada, 2008). Trotz des zunehmenden Einflusses von Peers, Freunden, Lehrkräften und auch Figuren aus Film und Fernsehen bleibt die Familie der wichtigste Ort zur Ausbildung des jugendlichen Selbstwertes (Bulanda & Majumdar, 2009).

Neben den sozialen Beziehungen spielen *Vergleiche* im Bereich des schulischen Leistungsspektrums ebenfalls eine Rolle beim Aufbau des Selbstwertes, da das schulische Setting einen nicht zu vernachlässigenden Anteil im Leben der jungen Menschen hat. So kann bspw. das allgemeine Leistungsniveau einer Klasse erheblichen Einfluss auf den schulischen Selbstwert nehmen, je nachdem, ob sich der Schüler in einer sehr leistungsstarken oder in einer sehr leistungsschwachen Klasse befindet (vgl. „Big-Fish-Little-Pond-Effekt"; Prölß, 2019a). Besonders die Leistungsrückmeldungen im schulischen Kontext sind eine simple Quelle für das Selbstwertgefühl. Dabei sind aber nicht die absoluten Leistungsrückmeldungen entscheidend, ob man jetzt z. B. eine Note 1 oder 2 bekommt, sondern die *sozialen Vergleichsinformationen* wie bspw.: „Diese Aufgabe hast du am besten von allen in der Klasse gelöst!" Solche Aussagen sind selbstwertförderlicher als: „Du hast eine 1!" (Möller, 2000). Bei Kindern und Jugendlichen sind neben den Quellen Familie und Schule vor allem die *Freizeitaktivitäten* zu nennen. Freizeitbeschäftigungen sind ebenfalls selbstwertförderlich, wenn sie mit sportlichen Erfolgen, positiven Rückmeldungen oder ehrenamtlichem Engagement mit dazugehöriger Anerkennung verbunden sind (Potreck-Rose & Jacob, 2018; Schütz, 2003).

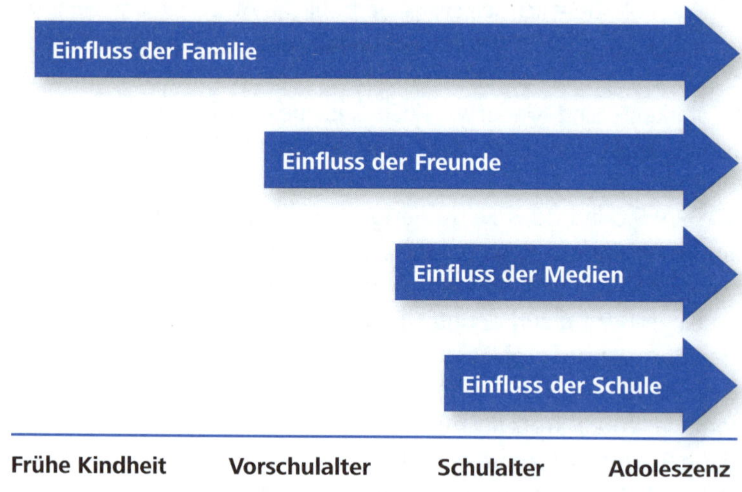

Abb. 7: Sozialisationseinflüsse auf die kindliche Entwicklung

In Studien wurde häufig belegt, dass Mädchen generell ein niedrigeres Selbstwertgefühl aufzeigen als Jungen ihres Alters (Heaven & Ciarrochi, 2008; Kling, Hyde & Showers, 1999). Diese Unterschiede manifestieren sich eher noch im Alter von 14 bis 23. Während Jungen an Selbstwertgefühl dazugewinnen, ist bei den Mädchen ein zunehmender Verlust an Selbstwertgefühl zu verzeichnen (Block & Robins, 1993). Dieses Phänomen wurde durch mehrere Forschungsergebnisse verifiziert und dahin gehend konkretisiert, dass dieses mangelnde Selbstwertgefühl bei Mädchen vor allem durch die gesellschaftlichen Stereotypen von Mann bzw. Frau sowie durch eine größere Besorgtheit der Mädchen um den eigenen Körper bedingt ist (Flammer & Alsaker, 2001; Schütz, 2003; Roth, 2002). Während sich Jungen mit der Zeit den gesellschaftlichen Erwartungen an das Aussehen eines Mannes annähern, z. B. mehr Muskelmasse, Bartwuchs, tiefere Stimme usw., sind Mädchen mit ihrer natürlichen körperlichen Entwicklung nur bedingt zufrieden, wie bspw. der Zunahme des Hüftumfanges, unreiner Haut usw., was selbstwertmindernd wirkt. Dies liegt vor allem auch an den medial vermittelten Idealen, die sich immer mehr von der biologischen Realität entfernen (schlanke Figur, aber große Oberweite; Wespentaille). Man kann ebenfalls postulieren, dass Jungen ihren Selbstwert eher über kognitive und sportliche Leistungen definieren, während Mädchen dies über die soziale Verbundenheit mit Freundinnen und Familie tun. Dementsprechend erleben Mädchen sowie auch Frauen Kritik von außen eher als selbstwertbelastender und bedrohlicher. Selbst durch den Besuch eines Gymnasiums, bei dem ja die kognitive Leistungsfähigkeit im Vordergrund steht, ändert sich die Quelle der Selbstwertschöpfung bei Mädchen nicht signifikant (Baier & Steinhausen, 2006; Josephs & Markus, 1992; Schütz, 2003).

Die Korrelation zwischen einem erniedrigten Selbstwertgefühl und psychiatrischen Erkrankungen wie Depression, Angst- und Zwangsstörungen, Bulimie sowie der Borderline-Persönlichkeits-Störung ist in zahlreichen Studien belegt (vgl. Potreck-Rose & Jacob, 2018). Ebenfalls wurde in mehreren Studien der Zusammenhang zwischen einem niedrigen Selbstwertgefühl und aggressivem Verhalten bei Kindern und Jugendlichen postuliert (Field, McCabe & Schneiderman, 1985; Nunn & Thomas, 1999; Papps & O'Carroll, 1998). So deuten diese Befunde darauf hin, dass Personen mit einem niedrigen Selbstwertgefühl sich durch das Erleben eines Frustrationserlebnisses oder auch durch eine einfache Provokation einer anderen Person stärker in ihrem Selbstwert beeinträchtigt fühlen als Personen mit einem höheren Selbstwertgefühl. Dieses Phänomen kann damit erklärt werden, dass ein defizitäreres Selbstwertgefühl die Verletzbarkeit gegenüber (subjektiv) erlebten aversiven und selbstwertbedrohlichen Aussagen und Handlungen erhöht. Das abweichende Verhalten hat letztendlich das Ziel, das verletzte bzw. bedrohte Selbstwertgefühl durch aggressive Verhaltensweisen, z. B. in Form von Vergeltung oder auch durch aggressive Dominierung des anderen, zu erhöhen (Vollmann, Weber & Wiedig, 2004). Es gibt auch Studien, die Aggressoren ein sehr stabiles bis hin zu einem erhöhten Selbstwertgefühl attestieren. Das trifft aber auf Kinder und Jugendliche weniger zu, da diese Altersgruppe in der Regel eher ein zu geringes als ein gesteigertes Selbstwertgefühl besitzt und dieses genau wie die Persönlichkeit des Jugendlichen in der Pubertät instabil ist (Jachs, 2010; Roth, 2002).

Anders als ihre Altersgenossen schätzen sich Kinder und Jugendliche mit einem niedrigen Selbstwert in sozialen oder leistungsthematisch wahrgenommenen Situationen weniger kompetent ein, was zur Anwendung von ungünstigeren Bewältigungsstrategien führt. Diese subjektive Abwertung der eigenen Handlungsfähigkeit ist durch das kompetenzbezogene Selbstvertrauen bedingt, das wiederum einen festen Bestandteil des Selbstwertgefühles darstellt (Judge & Bono, 2001; Potreck-Rose & Jacob, 2018). So verwenden diese Jugendlichen in Stresssituationen gerade keine sozial-kompetenten Strategien, wie bspw. über das Problem ausgiebig zu diskutieren, sondern greifen eher auf unreife Strategien, wie Schreien, Brüllen, Aufgeben, oder andere aggressive Verhaltensweisen zurück. Der Hintergrund ist folgender: Um sich mit einem potenziellen Gegner verbal duellieren zu können, benötigt man neben den entsprechenden verbalen Kompetenzen auch das nötige Selbstvertrauen, einen Konflikt auf diese Weise lösen zu können, und das fehlt Kindern und Jugendlichen mit geringem Selbstwert (Boeger, Dörfler & Schut-Ansteeg, 2006; Lemper-Pychlau & Schneider-Blümchen, 2013; Schütz, 2003).

▶ Aus der Praxis: Selbstwerterhöhung im Alltag leicht gemacht!

Es gibt viele Möglichkeiten, sein Kind selbstbewusst zu erziehen und dafür zu sorgen, dass sich ein gesundes Selbstwertgefühl entwickelt. Generell kann man zwischen *situationsunabhängigen* und *situationsgebundenen Aktionen* und *Handlungsweisen* unterscheiden.

Situationsunabhängige Aktionen laufen im Hintergrund und kontinuierlich im alltäglichen familiären und pädagogischen Setting ab. Hier ist die Grundhaltung der Eltern, Pädagogen usw. das Entscheidende. Das Kind bzw. der Jugendliche muss sich wertgeschätzt und akzeptiert fühlen. Diese allgemeine Grundhaltung „egal was passiert und was du auch tust, wir nehmen dich so, wie du bist, an", ist für viele Kinder und Jugendliche von zentraler Bedeutung. Natürlich sind Streitereien dennoch vorhanden und notwendig (siehe Kapitel 5.2.3: *Das Bedürfnis nach Kontrolle und Orientierung*), aber die Gewissheit, dass jemand für einen da ist, der einen so akzeptiert, wie man ist und einen auch mit guten Ratschlägen (alias „psychologisch alternative Handlungskonzepte") unterstützt, ist zur Steigerung des Selbstwertgefühls ein fruchtbarer Boden.

Situationsabhängige Aktionen sind dergestalt, dass Erwachsene dem Kind konkretes nonverbales oder verbales Feedback zu seinen Handlungsweisen geben. Dies kann ein Lächeln der Mutter gegenüber dem Kind sein, das Streicheln über den Kopf oder die direkte Rückmeldung, dass eine Handlung sehr gut war und dass man stolz auf seinen Sprössling bzw. Schüler ist. Dabei muss aber beachtet werden, dass das Lob nicht inflationär angewendet wird, da es sonst seine Wirkung verliert (siehe Exkurs S. 93: *Belohnen, aber richtig!*).

5.2.3 Das Bedürfnis nach Kontrolle und Orientierung

Das *Bedürfnis nach Kontrolle und Orientierung* wird als unabdinglicher Faktor im psychischen Geschehen und als eines der grundlegenden Bedürfnisse des Menschen angesehen. Kinder und Jugendliche streben danach, ihre Lebenswelt zu verstehen, in gewissem Maße Entwicklungen vorherzusehen und die Welt auch in für sie wichtigen Bereichen zu beeinflussen. Dieses Streben nach Autonomie ist in vielen anderen psychologischen Theorien beschrieben sowie belegt worden (vgl. dazu Flammer, 1990; Rotter, 1966). Es geht beim Kontrollbedürfnis nicht primär darum, in jeder Situation völlige Kontrolle zu haben. Vielmehr geht es um das Vertrauen in die eigenen Kontrollmöglichkeiten, dass Situationen mit unklar definiertem Ausgang mit den eigenen Fähigkeiten gemeistert werden können. Somit ist das Kontrollbedürfnis eng mit dem Selbstwert (bzw. der Selbstwirksamkeit) verbunden. Durch die Erfahrungen, selbst etwas leisten, meistern oder bewegen zu können, fühlen sich die Kinder und Jugendlichen stolz, was wiederum selbstwertförderlich ist. Durch die sich wiederholenden Erfahrungen der eigenen Wirksamkeit, die zum Aufbau von Selbstwirksamkeitserwartungen führen, kann das Kontrollgrundbedürfnis befriedigt werden.

Erfährt ein Kind aber im Entwicklungsverlauf zunehmend *Kontrollverluste,* indem Situationen häufig nicht als positive Herausforderung, sondern mehr als Überforderung erlebt werden, was zu einer emotionalen Überreaktion führt, hat das auf Dauer nachweisbare negative Auswirkungen auf den gesamten psychischen Entwicklungsverlauf. Medizinisch gesehen hängen sehr viele psychische Probleme mit einem erlebten Kontrollverlust zusammen. So zeigen sich hohe Korrelationen zwischen einem erlebten Kontrollverlust in der Kindheit und Erkrankungen, wie z. B. Anpassungsstörungen, Posttraumatische Belastungsstörungen oder Angst- und Zwangsstörungen (Borg-Laufs, 2010; Grawe, 2004; Steinhausen, 2019). Besonders Jugendliche, die in jungen Jahren keine Selbstwirksamkeit ihres Handelns erfahren haben, neigen dazu, Aggression als Mittel der kurzfristigen Kontrollerfahrung im familiären, aber auch im schulischen Setting anzuwenden (Borg-Laufs, 2010; Grosse Holtforth & Grawe, 2004).

Am deutlichsten sind die Folgen eines massiv erlebten und immer wiederkehrenden Kontrollverlustes am psychologischen Phänomen der *erlernten Hilflosigkeit* ersichtlich (Seligman & Maier, 1967).

Das klassische Experiment zur erlernten Hilflosigkeit

Bei diesem Experiment wurden 24 Hunde in drei Versuchsgruppen mit je acht Tieren eingeteilt. Hierzu wurden die Tiere in der 1. Phase des Experiments in eine Box gesperrt und Stromschlägen ausgesetzt. Die erste Gruppe konnte den elektrischen Schlag mithilfe einer bestimmten Reaktion, bspw. dem Drücken einer Taste oder dem Drehen an einem Rad, beenden. Die zweite Gruppe konnte mit keiner Verhaltensweise bzw. Reaktion die Stromschläge unterbinden. Die dritte erhielt gar keine aversiven Reize. In der 2. Phase wurden alle Tiere nacheinander in eine „Shuttle-Box" gesperrt, ein Gehäuse mit zwei identischen Räumen, die über eine offene Klappe miteinander verbunden sind. Die Tiere wurden in einen der Räume gesetzt und wieder Stromschlägen ausgesetzt. Das jeweilige Tier konnte sich aber leicht dem aversiven Reiz entziehen, indem es durch die Klappe in den anderen Raum sprang.

Die Ergebnisse sind beeindruckend: Die Tiere aus Gruppe 1, die gelernt haben, dass sie mit ihrem Verhalten den aversiven Reiz verändern/reduzieren können, sind relativ schnell in die andere Box gesprungen bzw.

haben gleich im Vorfeld (präventiv) die Kammer gewechselt *(„Vermeidungslernen")*. Die Tiere aus Gruppe 2, die erlebt haben, dass ihr Verhalten keinen Einfluss auf den schädigenden Reiz hat, zeigten gar kein bzw. ein sehr gering ausgeprägtes Flucht-/Vermeidungsverhalten. Viele Tiere blieben lethargisch in ihrer Box liegen und haben die Stromstöße über sich ergehen lassen. Die 3. Gruppe zeigte ein ausgeprägtes Flucht-/Vermeidungsverhalten, das aber nicht ganz so stark ausgeprägt war wie bei der Gruppe 1.

Diese Ergebnisse zeigen sehr deutlich, dass unsere *Erfahrungen,* ob wir mit dem eigenen Verhalten, Situationen verändern können, enorm *prägend für die Persönlichkeit* sind. Die erlernte Hilflosigkeit ist ein Phänomen, das nicht nur bei Tieren auftritt. Viele Kinder und Jugendliche erleben immer wieder in gewissen Situationen einen enormen Kontrollverlust, z. B. durch sehr dominantes, destruktives Erziehungsverhalten der Eltern, seelische oder körperliche Misshandlungen, emotionale Deprivation, schlechte Schulleistungen trotz intensiven Übens usw. Daraus entstehen häufig dysfunktionale Gedanken wie: „Ich kann sowieso nichts ändern.", „Meine Wünsche/Bedürfnisse zählen nicht.", „Ich bin sowieso für alles zu blöd!" Aus diesem aversiven Gedankengeflecht kann dann eine bedeutende ausgeprägte Resignation, klassisches Vermeidungsverhalten (z. B. Schulverweigerung) oder sogar eine starke Depression entstehen (Beck, Rush, Shaw & Emery, 1979; Seligman, Rush, Shaw & Emery 1967).

▶ Aus der Praxis:
Einmaliger dramatischer Kontrollverlust in jungen Jahren = Trauma forever?

Ich bin vor einiger Zeit mit einem Schüler der ersten Klasse konfrontiert geworden, der als nicht beschulbar eingestuft wurde. Er war verbal und körperlich äußerst aggressiv gegenüber seinen Mitschülerinnen und vor allem gegenüber jungen Lehrerinnen. Diese wurden beleidigt („Du hast mir gar nichts zu sagen, du dumme Gans!") bis hin zu körperlichen Übergriffen (z. B. Anspucken, Tritte gegen das Schienbein usw.). Gegenüber männlichen Lehrkräften und „Mutter-Beimer-Typen" von Lehrerinnen verhielt er sich brav und angepasst. Wie kommt so etwas?

Nach einer ausgiebigen Diagnostik mit projektiven Verfahren (siehe Kapitel 7: *Diagnostik von aggressivem Verhalten*) und einer ausführlichen Anamnese hat die Mutter erläutert, dass ihr Sohn mit drei Jahren von drei jungen Mitarbeiterinnen des Jugendamtes direkt von zu Hause in Obhut genommen wurde. Der Junge hatte – laut Aussagen der Mutter – keine Möglichkeit, sich zu verabschieden und konnte auch seine Mutter über drei Monate nicht mehr sehen, bis der Sachverhalt geklärt war. Dieses Ereignis beschäftigt den Jungen scheinbar bis heute, weil eine Aufarbeitung dieses Traumas nie stattgefunden hat, und auch seine Persönlichkeit sowie seine Handlungsweisen gegenüber jungen Frauen sind dadurch sicherlich stark geprägt.

Außer dem Bedürfnis nach Kontrolle haben besonders Kinder und Jugendliche das Bedürfnis nach Orientierung. Das Orientierungsgrundbedürfnis kann vor allem durch *klare Grenzsetzungen* befriedigt werden. Das Setzen von Grenzen ermöglicht das Internalisieren von zwischenmenschlichen, gesellschaftlichen Normen und fördert die Aufrechterhaltung (Respekt) von Absprachen und Forderungen.

Gerade Kindergarten- und Schulkinder sind daher auf ihre Eltern angewiesen, die ihnen Orientierung, Strukturen und vor allem Regeln bieten – auf der anderen Seite aber auch altersangemessene Freiräume zur Verfügung stellen, um eigene Entscheidungen zu treffen und sich an der Welt zu beteiligen. Darüber hinaus entwickeln Kinder eine Grundüberzeugung, ob es sich lohnt, sich zu engagieren und einzusetzen, oder ob es egal ist, was man tut, da keinerlei Einflussmöglichkeiten bestehen. Auch Pubertierende, die in besonderem Maße nach Autonomie streben, sich gerade in einer Selbstfindungsphase befinden und sich bewusst gegen die Regeln der Elterngeneration stellen, benötigen ebenfalls diese Orientierung durch elterliche Vorgaben. Eltern dürfen daher keinesfalls den Fehler machen, bei Konflikten, in denen sie einen anderen Standpunkt als der Jugendliche vertreten, nachzugeben, sei es aus Gefälligkeit dem eigenen Kind gegenüber, sei aus eigener Scheu vor einer Diskussion. Wenn Eltern eine begründete andere Sichtweise als ihr Kind vertreten, müssen sie – wie bisher – den Gegenpol zu dem Jugendlichen darstellen, da Jugendliche diesen benötigen, um in ihrer Identitätsentwicklung voranzukommen. Zudem wird dem Jugendlichen mit der Haltung der Eltern vermittelt, dass Eltern und Erwachsene, auch wenn man selbst als Jugendlicher auf dem Weg zur Integration in die Erwachsenenwelt ist, weiterhin bisweilen eine andere Sichtweise vertreten. Die Erziehungsberechtigten sollen bzw. müssen immer in ihrer Elternfunktion klar erkennbar bleiben, weil das wiederum Sicherheit vermittelt und das Kontrollbedürfnis befriedigt.

Die Bedürfnisse *Kontrolle und Bindung* sind vor allem am Anfang eines Menschenlebens *eng miteinander verbunden.* Wenn ein Säugling oder ein Kleinkind die Erfahrungen macht, dass es mit seinem eigenen Verhalten *zuverlässige Reaktionen* bei der Mutter bewirken kann, z. B. indem es weint und daraufhin die Mutter kommt, es aus der Wiege hebt und in den Arm nimmt (emotionale Zuwendung), erlebt das Kind eine *positive Kontrollerfahrung,* die sich später in positiven Kontrollüberzeugungen und Selbstwirksamkeitserwartungen umwandelt. Eine verfügbare, feinfühlige Bezugsperson ist in den ersten Lebensjahren für die Befriedigung des Kontrollbedürfnisses genauso so relevant wie für die Befriedigung des Bindungsbedürfnisses. Man kann somit feststellen, dass alles, was in den ersten Lebensphasen zwischen Mutter und Kind passiert, eine erhebliche Bedeutung auf die Entwicklung des Bindungs- und Kontrollbedürfnisses hat.

▶ Aus der Praxis: Der romantische Erziehungsstil des 21. Jahrhunderts

Die Volksweisheit „Eltern werden ist nicht schwer, Eltern sein dagegen sehr!" ist heute aktueller denn je. Elternsein ist heutzutage alles andere als einfach. Auf der einen Seite sollen die Kinder die gleichen Tugenden und Verhaltensweisen aufzeigen wie vor hundert Jahren: Höflichkeit und Gehorsam gegenüber den Eltern und Erwachsenen sowie Hilfsbereitschaft gegenüber allen. Auf der anderen Seite wird von den heutigen Eltern sehr viel Wert auf die Förderung der Individualität der Kinder gelegt: Du darfst aufstehen, wann du willst; du kannst essen, wann und was du willst; du darfst ins Bett gehen, wann du willst. Aber diese zwei Ansätze sind per Definition m. E. nicht miteinander kompatibel. Zum Glück sind körperliche Züchtigung und Gewalt gegenüber Kindern und Jugendlichen verboten, der streng autoritäre Führungsstil nicht mehr en vogue, aber klare Regeln und Grenzen brauchen die Heranwachsenden trotzdem noch. Kinder benötigen Strukturen, diese geben Orientierung, was wiederum zu Sicherheit für das eigene Handeln führt *(SOS: Struktur – Orientierung – Sicherheit).* Nur durch die Vermittlung von klaren Regeln und Strukturen (und der Durchsetzung derselben) können Kinder und Jugendliche an die gesellschaftlichen Normen und Konventionen herangeführt werden. Sie brauchen diesen Rahmen, da sie schließlich in dieser Welt später zurechtkommen müssen und ein Kind von selbst nicht weiß, was gewollt, akzeptiert und vor allem gesellschaftlich angemessen ist.

Strukturlosigkeit und mangelnde Grenzsetzung von außen haben nach Ansicht einiger Psychiater auch zur Folge, dass vermehrt Erkrankungen wie Depressionen und Angststörungen bei Jugendlichen auftreten (Simmank, 2019), da diese sich in der ohnehin schon schwierigen Phase der Pubertät damit sehr schwer tun, sich in der heutigen pluralistischen Welt zurechtzufinden, in der aufgrund des unendlichen Angebots für jede Lebenslage (Hobbys, Beruf und Familie) alles „gleich gültig" erscheint, weil jedwede Entscheidung revidierbar ist („Generation Zurück-Button").

5.2.4 Das Bedürfnis nach Lustgewinn und Unlustvermeidung

Das *Bedürfnis nach Lustgewinn und Unlustvermeidung* beschreibt Grawe (2004) als das offensichtlichste aller Bedürfnisse. Wir streben im Allgemeinen angenehme Zustände an (Lustgewinn) und versuchen aversive Zustände zu vermeiden (Unlustvermeidung). So ist in der psychoanalytischen Theorie nach Freud (1915) das Streben nach Lustgewinn (Libido) eines der stärksten Handlungsmotive des Menschen. Dieser Umgang mit Lust und Unlust ist ein wichtiges Regulationsprinzip des Lebens. Alle Menschen streben nach schönen, lustvollen Momenten und vermeiden negative, verängstigende oder verletzende Situationen. Gerade Kinder und Jugendliche leben noch viel deutlicher nach dem Lustprinzip, da sie physiologisch und kognitiv noch nicht in der Lage sind, ihre Bedürfnisse zurückzustellen bzw. die geltenden gesellschaftlichen Normen und Werte noch nicht ausreichend internalisiert haben. Gerade das Erlernen, unangenehme Situationen aushalten und ertragen zu können, sprich eine Frustrationstoleranz zu entwickeln, ist ein langer und intensiver Lernprozess. Auch die Erfahrung zu sammeln, dass in gewissen Situationen erst unangenehme Tätigkeiten gemacht werden müssen, um später an sein Ziel zu kommen (z. B. Lernen für eine Schulaufgabe oder auch der Belohnungsausschub an sich) sind nicht von Anfang an vorhanden und müssen mühsam, idealerweise unter Anleitung bzw. mit Unterstützung durch eine Bezugsperson, angeeignet werden. Dabei sind es nicht Situationen oder Ergebnisse an sich, sondern vielmehr die subjektive kognitive-emotionale Bewertung dieses Objektes bzw. Zustandes, die uns Lust bzw. Unlust bereiten (vgl. die Volksweisheit „Schönheit liegt im Auge des Betrachters"). Die Amygdala und der Nucleus accumbens sind nach neurowissenschaftlichen Untersuchungen an der Hervorbringung von Lustgefühlen und der Hemmung von Unlustgefühlen beteiligt. Die Amygdala, die zwar vor allem als Angstzentrale des Gehirns bekannt ist, ist darüber hinaus an der Erzeugung aller emotionalen Bewertungen beteiligt und reagiert z. B. in bildgebenden Untersuchungen auch auf angenehme Erinnerungen und Wahrnehmungen. Beim Erlernen von Verhaltensweisen, die angenehme Zustände herbeiführen und unangenehme Zustände wie Furcht hemmen, ist der Nucleus accumbens beteiligt (Grawe, 2004).

Die emotionale Bewertung der Qualität eines Reizes oder Zieles durch die Kategorisierung in gut bzw. schlecht läuft in der Regel unbewusst ab. Erlebt der Mensch angenehme Zustände, dann werden diese als „gut" bewertet und führen zu Lustgewinn. Sind hingegen die erlebten Zustände aversiv, dann werden diese als „schlecht" bewertet, vermieden und führen zu Unlustvermeidung. Zentral sind hierbei das emotionale Erleben und die emotionale Bewertung des Reizes bzw. der Handlung. Neben dem klassischen Gefühl der Freude können auch Zufriedenheit, Interesse, Dankbarkeit, Stolz und Begeisterung zu diesem angenehmen Zustand führen. Angenehme Emotionen können neben dem kognitiven Bereich auch aus körperlichen Erfahrungen entstehen, wie z. B. durch den Genuss von Alkohol, Nikotin, Koffein oder Süßigkeiten. Neben der klassischen Bedürfnisbefriedigung der Lust fallen in diesen Bereich auch die zwei Aspekte, das allgemeine Wohlbefinden eines Kindes bzw. Jugendlichen herzustellen sowie Situationen zu kreieren, die es ermöglichen, angenehme Erfahrungen zu sammeln (Stucki & Grawe, 2007).

Bei konkreten Untersuchungen mit aggressiven Kindern und Jugendlichen konnten beim Bedürfnis nach Lustgewinn keine signifikanten Unterschiede zur Kontrollgruppe festgestellt werden (Borg-Laufs, 2010). Demnach kann man davon ausgehen, dass kein Kind durch aggressives Verhalten Lust gewinnt bzw. gewinnen will. Zwar gibt es durchaus Menschen, die eine biologische Anlage besitzen, die zu aggressiven Verhaltensweisen motiviert und Gewaltausübungen unter positiven Gefühlen zulässt, sodass regelrecht ein Lustempfinden hervorgerufen wird, aber diese Form der Aggression, die als *appetitive Aggression* bezeichnet wird, kommt relativ selten vor und wurde bis jetzt vor allem im Zusammenhang mit Kriegsverbrechen genauer untersucht (Elbert, Moran & Schauer, 2017).

Für das Gelingen von pädagogischen, aber auch psychologischen Maßnahmen stellt die „therapeutische" Beziehung einen wichtigen Faktor dar (Hösch, 2015; Weinberger, 2013). So werden psychische Prozesse leichter umgesetzt und laufen schneller ab, wenn die Handlungen mit den subjektiven Bewertungen gut kompatibel sind. Das hat zur Folge, dass man bei pädagogisch-psychologischen Interventionen darauf achten sollte – was aber freilich nicht immer möglich ist –, dass diese in das subjektive positive Handlungsrepertoire des Kindes und Jugendlichen passen.

▶ Aus der Praxis: Therapieform oder Therapeut – worauf kommt es an?

Viele Erwachsene zerbrechen sich den Kopf, welche Therapieform für ihr Kind die ideale ist. Klassische Interventionen, wie die verhaltenstherapeutischen Maßnahmen, versus alternative Methoden, wie Reit- oder Hypnosetherapie, können sich hier gegenüberstehen und werden gleichermaßen massiv in Zeitungen oder Fernsehen beworben. Ich muss hier leider viele meiner Zunft vor den Kopf stoßen, aber aufgrund meiner Erfahrungen in der alltäglichen Praxis macht die konkrete pädagogische oder psychologische Methode nur einen geringen Bruchteil des Erfolges aus. Dieser hängt nämlich vor allem von der positiven, wertschätzenden und auf Hoffnung basierenden Beziehung zwischen dem Klienten und dem Therapeuten ab.
Aus Sympathie wird Nähe, aus Nähe wird Vertrauen, aus Vertrauen wird Beziehung, aus Beziehung wird Wohlfühlen. Durch dieses „Wohlfühlen" nimmt man als Mensch viele Ratschläge, Empfehlungen usw. eher bzw. besser an, als von einer Person, die einem unsympathisch ist oder die gar bedrohlich wirkt. Dementsprechend ist diese persönliche Ebene ein wichtiger Erfolgsgarant für die Therapie. Selbstverständlich muss und darf

man nicht als „Schönwetter-Therapeut" auftreten und keinerlei inhaltliche Arbeit durchführen, aber sich gegenseitig „riechen können" ist definitiv von Vorteil. Dieses Wissen ist in der Psychotherapie tief verwurzelt und wird als Probatorik oder „Kennen-Lern-Sitzung" bezeichnet, bei der die Beziehung zwischen Therapeut und Klient aufgebaut wird und die Fragestellung, an der gearbeitet werden soll, konkret erläutert wird.

Einflussfaktoren auf aggressive Verhaltensweisen

Es gibt zahlreiche Faktoren, die sich sowohl günstig als auch negativ auf das Erleben und Verhalten von Menschen auswirken. Im besonderen Fall der Aggression ist die empirische Befundlage sehr ausgiebig und fundiert. Einen sehr guten Überblick über die einzelnen Einflussfaktoren bieten die Schriftstücke von Scheithauer und Petermann (2002) oder Petermann und Koglin (2013). Da das Aufzeigen aller einzelnen Faktoren den Rahmen dieses Buches sprengen würde, wird im Folgenden nur auf die Faktoren eingegangen, die sich im häuslichen und pädagogischen Setting als besonders relevant erwiesen haben und auf die man mit psychologischen Maßnahmen effizient Einfluss nehmen kann.

6.1 Persönliche Faktoren – das Geschlecht

Dass es grundlegende Unterschiede zwischen Männern und Frauen gibt, ist ein Gemeinplatz. Dieser Alltagsmythos bestätigt sich sehr häufig in Studien zu diversen Themen, vor allem auch zu aggressiven Verhaltensweisen. Laut den Kriminalstatistiken verschiedenster Länder sind Männer gewalttätiger als Frauen, was sich in einer Quote von 8 zu 1 widerspiegelt (Krahé, 2007). Tendenziell kann man zudem feststellen, dass Jungen mehr zu offenen, körperlichen und Mädchen mehr zu verdeckten, verbalen Feindseligkeiten und Aggressionsformen neigen (Hopf, 2017; Petermann & Koglin, 2013). Ein Grund für diese *gendertypischen Verhaltensweisen* liegt vor allem im Umgang mit Problemsituationen im Speziellen und im Umgang mit Stress im Allgemeinen. Männer, genau wie bereits Jungen, neigen dazu, innere Einstellungen wie Gefühle, Empfindungen und Motive nach außen zu richten. Frauen neigen eher zur Internalisierung, die Bearbeitung von Gefühlen und Empfindungen wird mehr oder weniger mit sich selbst ausgemacht. Das Problem wird nicht nach außen getragen („externalisiert"), sondern selbst zu lösen versucht. Aufgrund dieses grundlegenden Unterschieds im Umgang mit innerem Erleben und Gefühlen ergeben sich typische genderspezielle Situationen, von denen ein Auszug in folgender Tabelle gegenübergestellt wird (siehe Tabelle 3; vgl. auch Bischof-Köhler, 2011; Eschenbeck & Kohlmann, 2002; Hopf, 2017; und Schmitz, Vierhaus & Lohaus, 2012).

Wie man aus Tabelle 3 entnehmen kann, unterscheiden sich Jungen und Mädchen grundlegend in so manchen Verhaltensweisen. Die Maßnahme der **Externalisierung** ist aus psychologischer Sicht für das Individuum gesünder, weil auf diese Weise keine neurotischen Krankheitsformen wie Ängste, Selbstzweifel usw. entstehen. Das Problem ist aber, dass dies eine Handlungsform ist, die gesellschaftlich nicht akzeptiert ist. Die **Internalisierung** ist hingegen eine Form, die im alltäglichen Geschehen weniger offensichtlich ist und somit zwar im schulischen und familiären Setting zu weniger Problemen führt, für die Betroffenen selbst aber – in der Regel sind das Mädchen und Frauen – mit einem großen Leidensdruck einhergeht.

Exkurs: Das böse Testosteron ist an allem schuld!

Im Jahr 2009 gab es eine interessante Untersuchung, bei der Eltern befragt worden sind, ob ihre Kinder (Jungen und Mädchen) zwischen 6 und 10 Jahren mehr zu geschlechtstypischem männlichen Spielverhalten (kriegerische Spiele, Raufen usw.) oder weiblichem Spielverhalten (Pflegen und Bemuttern des Nachwuchses) tendieren. Das Besondere an dieser Studie war, dass aus einer Amniozentese bei der schwangeren Mutter Daten zum fötalen Testosteron bekannt waren. So zeigte sich auch Jahre später, nämlich im Kindesalter von 6-10 Jahren, ein signifikanter positiver Zusammenhang zwischen dem fötalen, also pränatalen Testosteronspiegel und dem Ausprägungsgrad von kriegerischem Spielverhalten der Jungen. Ebenso zeigten Mädchen, die aufgrund einer hormonellen Dysfunktion einen erhöhten Testosteronspiegel besitzen, ein erhöhtes männertypisches Spiel, was auf starke hormonelle Einflüsse auf das menschliche (aggressive) Verhalten hindeutet (Auyeung, Baron-Cohen & Ashwin, 2009).

Tab. 3: Übersicht über gendertypische Unterschiede

	Jungen	Mädchen
	Externalisierung	**Internalisierung**
Umgang mit belasteten Situationen (Emotions-regulation)	Jungen neigen dazu, schneller wütend zu werden, zu fluchen oder Gegenstände zu zerstören (aggressives Verhalten).	Mädchen neigen eher zum Traurigsein, zum Weinen und suchen häufig die Fehler bei sich. Mädchen nehmen aber auch in Konfliktsituationen eher soziale Unterstützung in Anspruch als Jungen.
Adoleszenz	Jungen distanzieren sich vehement von den sozialen Erwartungen der Eltern, Lehrkräfte und generell der Erwachsenen; mit diesem Verhalten wollen die Jungen ihren Selbstwert erhöhen (siehe Kapitel 5.2.2: *Das Bedürfnis nach Selbstwerterhöhung und Selbstschutz*).	Mädchen verinnerlichen die sozialen Werte und Normen vermehrt und neigen auch zu erhöhter Selbstexploration und -reflexion; die Folge ist häufig eine Selbstentwertung, da man vielfach den Anforderungen der Gesellschaft nicht gerecht werden kann (siehe Kapitel 5.2.2: *Das Bedürfnis nach Selbstwerterhöhung und Selbstschutz*).
Geschlechts-typische Merkmale bei psycho-logischen Krankheits-bildern	Jungen haben Probleme beim Beherrschen aggressiver Affekte, Neigung zu störenden, ausagierenden Verhaltensweisen und zeigen zudem eine sexuelle instabilere Identität auf (bspw. erhöhtes sexuelles Risikoverhalten). Jungen fehlt sehr häufig eine Krankheitseinsicht, stets nach dem Motto: Lieber Angst verbreiten, als Scham aushalten müssen!	Mädchen neigen mehr zu psychosomatischen und neurotischen Verarbeitungsformen mit Tendenzen zu Depressionen und Ängsten; die Krankheitseinsicht und der Wille, etwas ändern zu wollen, sind häufig vorhanden.
Aspekte aus dem Bereich der Traum-deutung	Jungen träumen häufiger von Bewegungen, von Abenteuern, Größenfantasien und narzisstischen Kränkungen.	Mädchen träumen häufiger von Beziehungen, Freundschaften und der Angst, diese zu verlieren.
Fazit: Der Kampfplatz der Jungen ist das Klassenzimmer, der Pausenhof und der Spielplatz; der Kampfplatz der Mädchen ist der eigene Körper.		

Fazit: Summa summarum kann man feststellen, dass in einer Welt, in der aggressive Verhaltensweisen zur Problemlösung gesellschaftlich nicht anerkannt sind, das männliche Geschlecht an sich aufgrund des damit einhergehenden hormonell determinierten Verhaltens als Risikofaktor für Aggression anzusehen ist.

6.2 Familiäre Faktoren – Erziehungsstil

Das Erziehungsverhalten beeinflusst die kognitive sowie die soziale Entwicklung eines Kindes nachhaltig. Daher ist die Frage vieler Eltern, was nun der richtige Erziehungsstil für ihr Kind sei, durchaus berechtigt. Generell werden **vier Erziehungsstile** unterschieden (siehe Abbildung 8; vgl. auch Jungmann & Reichenbach, 2016).

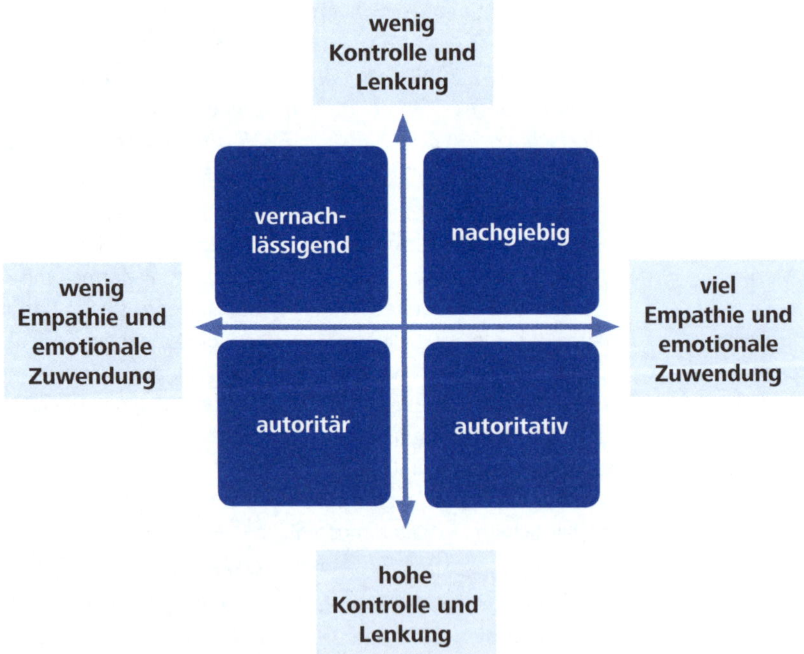

Abb. 8: Erziehungsstile gruppiert nach dem Grad der Empathie und des Kontrollverhaltens seitens der Erwachsenen (modifiziert)

Der **autoritäre Erziehungsstil** (auch als „Rohrstockpädagogik" bezeichnet) ist *von sehr viel Kontrolle und starker Lenkung* durch die Erwachsenen geprägt. Freiräume, die seitens des Kindes selbst genutzt und definiert werden können, sind de facto nur sehr gering bis gar nicht vorhanden. Eltern, die nach diesem Stil erziehen, nehmen *wenig Rücksicht auf die Gefühlslage bzw. Bedürfnisse* ihres Kindes. Das Umfeld ist stark durch Regeln, klare Hierarchien und deutliche Grenzsetzungen gekennzeichnet. Auch die körperliche Züchtigung findet hier bisweilen Anwendung.

Das Gegenteil des autoritären Stils ist der nachgiebige oder besser bekannt als **„Laisser-faire"-Erziehungsstil**. Hier sind die Kinder vollkommen sich selbst überlassen. Eltern oder Pädagogen setzen hier keine Grenzen und üben *keine Kontrolle* aus. Hier herrschen der pädagogische Grundtenor, dass man Kinder in ihrer Persönlichkeitsentwicklung nicht einschränken darf, und die Annahme, dass Kinder ihr Leben selbst am besten organisieren können. Das Verhältnis zwischen den Erwachsenen und den Sprösslingen ist dafür von sehr *viel Empathie* und *emotionaler Wertschätzung* geprägt.

Eine eher ungünstige pädagogische Haltung ist der **vernachlässigende** oder auch **permissive Erziehungsstil**. Hier sind die Erwachsenen in gar keiner Form für das Kind oder den Jugendlichen präsent. Elterliche Aufsicht, Grenzsetzungen oder Kontrollverlangen seitens der Erziehungsberechtigten findet nicht statt. *Die Kinder sind vollkommen auf sich allein gestellt.* Zudem ist das familiäre Setting unterkühlt und von Desinteresse geprägt. Emotionale Zuwendungen oder empathische Dialoge, wie bspw. über die aktuelle Gefühlslage, sind in solchen familiären Gefügen die Ausnahme. Die extreme Form dieses Erziehungsstiles wird nach § 1666 BGB der Kindeswohlgefährdung zugeordnet („Vernachlässigung"), was stellenweise das Einschreiten von Jugendämtern oder anderen Hilfsdiensten erforderlich macht.

Wie man Abbildung 8 entnehmen kann, bildet der **autoritative** bzw. **demokratische Erziehungsstil** den letzten der vier Ansätze. Hier herrscht eine *ausgewogene Mischung zwischen dem Kontrollverhalten und der Grenzsetzung* der Eltern (z. B. Hausaufgaben werden immer gleich nach der Schule gemacht, bevor das Kind in den Garten geht), sowie der Schaffung von Freiräumen zur Befriedigung des Explorationsverhaltens und dem Streben nach Selbstständigkeit des Kindes (z. B. für die Ordnung im Kinderzimmer ist das Kind ganz alleine verantwortlich). Das familiäre Setting ist von dem Bedürfnis nach Harmonie und Wertschätzung der Familienmitglieder untereinander geprägt. Die Befunde zahlreicher Studien belegen, dass der autoritative Erziehungsstil sich am günstigsten auf die psychosoziale Entwicklung der Kinder auswirkt. Autoritativ erzogene Kinder erscheinen reifer, sind sozial kompetenter und leistungsorientierter, weisen einen höheren Selbstwert auf, neigen seltener zu externalisierendem und internalisierendem Problemverhalten und sind bei Gleichaltrigen beliebter (Jungmann & Reichenbach, 2016; Wahl, 2012).

Aktuell lassen sich zunehmend auch Erziehungsstile wie der romantische (siehe Kapitel 5.2.3: *Das Bedürfnis nach Kontrolle und Orientierung*) oder auch partnerschaftliche Erziehungsstile in Deutschland finden. Gerade der partnerschaftliche Erziehungsstil, der bereits Kleinkinder auf die gleiche Ebene wie Erwachsene stellt, d. h. die Kinder dürfen oder müssen bei allen Entscheidungen mitdiskutieren, entspricht keinesfalls dem kindlichen Naturell und ist alles andere als förderlich für eine gesunde Persönlichkeitsentwicklung und ihr späteres Beziehungsverhalten (Näheres siehe Winterhoff, 2009).

Aggressive Verhaltensweisen und oppositionelles Verhalten von Kindern und Jugendlichen gehen vermehrt mit einem harschen, autoritären Erziehungsverhalten einher. Kinder sehen hier, dass ihre Meinungen, Bedürfnisse sowie Handlungsmotive nichts zählen. Auch Abwertungen der jüngeren Familienmitglieder (z. B.: „Du bist zu dumm für das!") ist in solchen Haushalten sehr stark ausgeprägt. In der Regel werden hier die psychologischen Grundbedürfnisse wie bspw. das Bedürfnis nach Selbstwerterhöhung und Kontrolle massiv eingegrenzt, was zu einem inneren Konflikt führt, der sich wiederum in aggressivem Verhalten gegen andere oder auch gegen sich selbst zeigt (Freud, 2014; Grawe, 2000; 2004). Aber auch Inkonsistenz in der elterlichen Erziehung, mangelnde elterliche Wärme, ein geringes Einfühlungsvermögen, wenig elterliche Unterstützung bis hin zur Vernachlässigung sowie körperliche Bestrafungen und physische Gewalt gelten als begünstigender Faktor für die Entwicklung aggressiver Verhaltensweisen von Kindern und Jugendlichen (Scheithauer & Petermann, 2002; Saemisch, 2012; Petermann & Koglin, 2013).

Exkurs: Werden Jungen unbewusst anders erzogen als Mädchen?

Generell kann man postulieren, dass bei der Erziehung gewisse Stereotype weiterhin bestehen und auch unbewusst weitergegeben werden. So stellte man in Untersuchungen fest, dass bereits Jungen und Mädchen im Säuglingsalter eine unterschiedliche Behandlung erfahren. Während weibliche Säuglinge von ihrer Mutter häufiger angelächelt wurden, wurden männliche Säuglinge durch Körperkontakt stimuliert. Jungen werden auch im Schulalter von ihren Eltern häufiger diszipliniert, unterliegen einem stärkeren Druck, geschlechtskonformes Verhalten zu zeigen und sie erhalten mehr Unterstützung beim Leistungsstreben jeder Art. Dafür zeigen Eltern ihren Töchtern gegenüber mehr Wärme, Verständnis und Zärtlichkeit. Zudem sind Väter bei nicht regelkonformem Verhalten der Jungen nachsichtiger als die Mütter (Saemisch, 2012; Wahl, 2012).

6.3 Familiäre Faktoren – väterlicher Absentismus

In der heutigen Zeit wird viel darüber diskutiert, ob sich die Ein-Elternschaft bzw. die (häufige) Abwesenheit des Vaters bei vielen Trennungskindern auf deren Persönlichkeitsentwicklung, vor allem auf die der Jungen, auswirkt. Generell ist festzustellen, dass die Zahl der alleinerziehenden Mütter in den letzten Jahren kontinuierlich zugenommen hat. Mit väterlichem Absentismus sei in diesem Zusammenhang nicht nur der Sachverhalt des komplett abwesenden Vaters bezeichnet. Man verstehe darunter ebenso die Väter, die ihr Kind nur sporadisch am Wochenende sehen, oder solche, die zwar „offiziell" bzw. sozial im gleichen Haushalt leben, aber dennoch mit einer 80-Stunden-Woche mehr Zeit in der Arbeit als im häuslichen Setting bei den Kindern verbringen. Hier muss man ergänzen, dass der Vater nach tiefenpsychologischen Aspekten bei jedem Kind, aber besonders bei den Jungen viele Aufgaben bei der Persönlichkeitsentwicklung zu erfüllen hat:

1) Ein Vater ist das männliche Vorbild sowie Kumpel für seinen Sohn.

Für die Entwicklung der männlichen Identität ist es wichtig, dass ein männliches Vorbild in der Familie vorhanden ist. Denn die männliche Identität braucht den Spiegel eines zugewandten Vaters, eines Vaters, der mit dem Kind spielt, der mit ihm rauft, der im direkten Umfeld mit dem Kind zusammen ist. So kann sich der Junge quasi im Spiegel des Vaters mit seiner eigenen Männlichkeit identifizieren und diese Männlichkeit auf seine eigene Persönlichkeit übertragen.

2) Ein Vater zeigt seinem Sohn auch Grenzen auf.

Der Junge braucht seinen Vater nicht nur als Vorbild, sondern auch als einen Menschen, der ihm seine Grenzen zeigt. Gerade bei spielerischen Raufereien muss der Junge immer wieder erkennen, dass der Vater der Stärkere ist. Dennoch muss dieser dem Sohn aber auch immer wieder das Gefühl vermitteln, dass er später einmal in der Lage sein wird, seinem Vater ebenbürtig zu sein. Aus diesem Grund sind die „rauen" Spiele zwischen Vätern und Söhnen unglaublich wertvoll, da hier mit dieser groben Spielart ein emotional aggressiv getöntes Verhalten forciert wird, bei dem negative Emotionen wie Angst und Aggression geweckt, aber auch gebremst werden können. Somit werden Möglichkeiten geboten, Aggressions- und Gewaltfantasien zu erproben, aber auch zu begrenzen. Neben dem Erlernen der Beherrschung von Aggression ist dieses Raufen zum Bindungsaufbau zwischen Vater und Sohn unerlässlich.

3) Ein Sohn kann sich beim Vater abschauen, wie dieser mit Konfliktsituationen umgeht.

Die häufigste Möglichkeit, den Vater in einer Konfliktsituation zu erleben, wird vermutlich ein Streit mit der Mutter sein. Im Idealfall lernt der Sohn anhand des Vorbilds des Vaters, mit dem er sich aufgrund des gemeinsamen Geschlechts identifiziert, wie man mit Meinungsverschiedenheiten umgehen kann, Konflikte gewaltfrei bewältigt und Kompromisse schließt. Dabei wird der Sohn zwangsläufig auch bemerken, dass sich Männer im Umgang mit Frauen anders verhalten als in der Interaktion mit einem anderen Mann oder Jungen. So wird er (hoffentlich) nicht erleben, dass der Vater mit der Mutter eine Rauferei beginnt, wie es z. B. bei Sandkastenrangeleien zwischen Jungen vorkommen kann und durchaus soll. Die Beziehung der Eltern muss nicht ständig eine perfekte Beziehung sein und es sollte auch nicht stets eine harmonische Konfliktbewältigung stattfinden, aber eine „ausreichend gute Beziehung" zwischen Mutter und Vater reicht vollkommen aus, damit der Junge letztendlich daraus lernen kann.

6.4 Umweltfaktoren – Freunde bzw. Peers

Der Einfluss der Gleichaltrigen auf das Auftreten aggressiven und dissozialen Verhaltens ist Gegenstand von zahlreichen Untersuchungen. Aggressionen treten im Jugendalter häufiger auf, wenn auch der Freundeskreis delinquentes bzw. abweichendes Verhalten zeigt. Kinder, bei denen das abweichende Verhalten bereits vor dem zehnten Lebensjahr aufgetreten ist, suchen sich sehr früh die Gesellschaft von ebenfalls auffälligen Jugendlichen *(Selektionshypothese)*, da sie von prosozialen Gleichaltrigen sehr häufig gemieden werden. Zudem haben die Freundschaften zu ebenfalls auffälligen Kindern den Vorteil, dass das eigene Verhalten verstärkt wird *(Verstärkungshypothese)* und somit auch von der selektierten „Gesellschaft" legitimiert wird. Dabei werden in der Regel keine neuen delinquenten oder aggressiven Verhaltensweisen übernommen, sondern lediglich die bereits vorhandenen in ihrer Ausprägung stabilisiert bzw. verstärkt.

Treten die aggressiven Verhaltensweisen erst mit der Pubertät auf (die sogenannte Pubertätsaggression), ist der Einfluss der Peers deutlich höher. Das wird damit begründet, dass sich die Jugendlichen aufgrund der Adoleszenz sowieso in einer sehr kritischen Lebensphase befinden, in der sie mit ihrem eigenen Gefühls- und Emotionserleben stark beschäftigt sind. In so einer Zeit ist der Einfluss von außen, vor allem von Freunden oder Klassenkameraden mit einem hohen sozialen Status, besonders wirksam. Auch unter dem Aspekt der Identitätsfindung sind solche Freundschaften nachvollziehbar, da gerade diese delinquenten Jugendlichen sehr häufig die klassischen maskulinen männlichen Eigenschaften wie beispielsweise Mut, Stärke und oppositionelles Verhalten verkörpern, was wiederum in diesen sozialen männlichen Gruppen mit einem hohen Ansehen einhergeht (Petermann & Koglin, 2013; Scheithauer & Petermann, 2002).

6.5 Umweltfaktoren – Schule

Natürlich zeigen sich aggressive Verhaltensweisen von Kindern und Jugendlichen auch stark in der Schule bzw. im schulischen Setting. Generell kann man durch Studien belegen, dass das Interesse an sowie die emotionale Verbundenheit mit der Schule bei Kindern mit aggressiven Verhaltensweisen deutlich geringer ist als bei gesunden Kindern. Die Aggressoren sehen sich stets in der Opferrolle, weil sie häufig denken, dass ihre Sicht der Dinge sowieso kein Gehör findet (z. B.: „Mir glaubt ja sowieso keiner!"). Verstärkt wird dieses System durch das Setting, da Lehrkräfte wie Mitschüler dazu neigen, den ohnehin vorbelasteten Mitschüler in Konfliktsituation gleich zu beschuldigen, ohne die Situation einer objektiven Prüfung zu unterziehen. So habe ich es schon des Öfteren erlebt, dass ein „bekannter" Schüler für einen Vorfall in der Pause am Vortag beschuldigt worden ist, obwohl er am Tag des Vorfalls überhaupt nicht in der Schule anwesend war. Dieses *Vorverurteilen* wirkt sich verstärkend auf das Problemverhalten aus und bringt die Kinder oder Jugendlichen in eine Spirale, aus der sie selbst nicht mehr herauskommen. Hier sind die Pädagogen, aber auch die Klassenkameraden in der Pflicht, in solchen Situationen sozial kompetent zu handeln und bei der Beurteilung jeder Konfliktsituation dem Aggressor zunächst neutral zu begegnen (siehe Kapitel 9: *Das Auctoritas-Modell*).

Auch die zunehmende Feminisierung des Lehrerberufes ist sicherlich nicht förderlich für typisch männliche Verhaltensweisen in der Schule. Meist begegnen einem im Laufe eines Lebens in den pädagogischen Einrichtungen vom Kindergarten bis zum Schulabschluss überwiegend Frauen. Was für Mädchen vorteilhaft sein mag, ist für viele Jungen allerdings eine schwierige Situation. Als Junge in der Krippe oder im Kindergarten einen männlichen Erzieher zu „erwischen", der nicht vor allem Wert auf gendertypisch weibliche Tätigkeiten wie gemeinsames Singen oder eine penibel angefertigte Bastelarbeit legt, sondern auch gendertypisch männliche Aktivitäten wie Fußballspielen, Holzhobeln und Raufen fördert, ist sehr gering. Wie bereits im Kapitel 6.2: *Familiäre Faktoren – Erziehungsstil* erläutert, erziehen Frauen häufig unbewusst anders als Männer. Ihr Verhalten gegenüber Mädchen ist tendenziell anders geprägt und gefärbt (z. B. emotional wärmer und nachsichtiger) als der Umgang mit den Jungen (Bischof-Köhler, 2011; Kramer, 2016). So behauptet der Lehrer und Autor Frank Beuster in seinem Bestseller „Die Jungenkatastrophe", dass Frauen schlichtweg nicht wissen, wie Jungs ticken. In dieser doch sehr populistischen Aussage steckt sicherlich auch ein Körnchen Wahrheit. Denn niemand wird bestreiten können, dass man sich gegenüber dem eigenen Geschlecht anders verhält. Dies trifft natürlich gleichermaßen auf Männer im Kontakt mit Jungen zu, nur leider überwiegt heutzutage der Frauenanteil in pädagogischen Institutionen, was einfach zu einem Ungleichgewicht führt. Zudem bringen Mädchen von Natur aus gerade die Verhaltensweisen mit, die in der Schule besonders erwünscht sind. Sie sind nicht nur gar nicht bzw. deutlich weniger aggressiv als Jungen, sondern zeigen auch das erwünschtere Arbeitsverhalten und erzielen somit auch bessere Leistungen in der Schule. Dass dieses Verhalten besonders vom überwiegend weiblichen Personal gewürdigt und dadurch positiv verstärkt wird, versteht sich von selbst. Während sich die Mädchen also immer leichter tun, stecken die Jungen in einem Teufelskreislauf fest, weil sie das schulisch erwünschte Verhalten eher selten von sich aus und ohne externe Steuerung zeigen und folglich nie für eine Eigenleistung gelobt werden. Dieser Gegensatz spiegelt sich auch bei der häuslichen Vorbereitung wider. So verbringen in Deutschland 15-jährige Mädchen im Durchschnitt 5,5 Stunden pro Woche mit Hausaufgaben. Die Jungen investierten nach eigenen Angaben nur 3,2 Stunden (Lehm, 2013). Das ist definitiv ein Fakt, der die Rolle der Jungen im Schulsystem zusätzlich erschwert. Daher bräuchte es m. E. nicht nur Initiativen zur Förderung von z. B. Frauen in MINT-Berufen, sondern auch eine jungenspezifische Förderung im Schulsystem.

Neben diesen Faktoren ist vor allem das *Klassenklima* sowie das Classroom-Management als Risiko- bzw. Schutzfaktor zu nennen. Es ist von entscheidender Bedeutung, welchen Sprengel die Schule als Einzugsgebiet hat und wie sich damit die Klasse zusammensetzt. Es ist ein Unterschied, ob der aggressive Junge eine Schule in einem Brennpunktviertel besucht, in dem alle Kinder abweichendes Verhalten zeigen, oder ob er der einzige „Störer" in seiner Klasse ist und somit allein durch seine Klassenkameraden vermehrt prosoziale Verhaltensweisen aufgezeigt bekommt, was sich im Sinne des Lernens am Modell positiv auf das Verhalten des Störers auswirken würde. Außerdem haben Studien mehrfach belegt, dass an Schulen mit klaren und verbindlichen Regeln, klaren Strukturen und einem starken Fokus auf lernbezogene Tätigkeiten (z. B. klare Lernziele, individuelle Leistungsrückmeldungen usw.) Disziplinschwierigkeiten und aggressive Verhaltensweisen deutlich nachlassen (Petermann & Koglin, 2013; Prölß, 2019b).

6.6 Umweltfaktoren – Medienkonsum

Heutzutage machen sich viele Eltern, aber auch Pädagogen Sorgen, wenn ihre Kinder tagtäglich gewaltverherrlichende PC-Spiele (z. B. „Ego-Shooter"), wie Fortnite® oder Battlefield 5® spielen. Der Zusammenhang zwischen gewalthaltigen Spielen oder Filmen mit aggressiven Verhaltensweisen ist schon seit vielen Jahren Gegenstand der Forschung. So zeigten sich in früheren Untersuchungen deutliche Zusammenhänge zwischen solchen Medien und konkreten körperlichen und verbalen Aggressionen bei Kindern und Jugendlichen. Neuere Erkenntnisse liefern aber ein differenziertes Bild. Nicht die real vollgezogene Aggression wird direkt vom Medienkonsum beeinflusst (z. B. Video über Amoklauf produziert nicht direkt einen Amokläufer.), sondern die Einstellung zur Gewalt wird mittels der Bilder verändert. So setzt sich die Toleranzgrenze zur Anwendung von Gewalt als Lösungsstrategie bei einem gewaltverherrlichenden Medienkonsum über einen längeren Zeitraum hinweg herab (z. B. Schlägereien in einem Videospiel erscheinen dem Spieler mit der Zeit als adäquates Verhalten, das er u. U. irgendwann selbst anwendet). Zudem ist das Phänomen der Gewaltübernahme aus Medien bei Jungen deutlich ausgeprägter als bei Mädchen (Krahé, 2007; Wahl, 2012).

Häufig wird die Wirkung von Mediengewalt gerade nach schweren Gewalttaten, wie bspw. nach Amokläufen an Schulen, diskutiert. Die Befundlage ist hier nicht ganz eindeutig, aber nach aktueller Forschungslage wird davon ausgegangen, dass sogenannte Schulamokläufer gewaltverherrlichende Medien, allen voran Ego-Shooter, teilweise für das Ausleben der sogenannten „prädeliktischen Fantasien" nutzen. Das heißt, aggressive Impulse werden zuerst im Spiel in die Tat umgesetzt, bevor es zu einer realen Aktivität kommt. Trotz dieser Erkenntnisse liegen bislang aber keine eindeutigen Belege vor, dass das reine Ausleben von aggressiven Fantasien in Videospielen einen entscheidenden Einfluss darauf hat, ob es zu einer schweren Gewalttat wie bspw. einem Amoklauf kommt (Rothmund, Elson & Appel, 2015). Meist liegt bei Amokläufern ein langfristiger, gestörter emotionaler Entwicklungsverlauf vor, der durch öffentliche Demütigungen und soziale Ausgrenzungen gekennzeichnet ist. Aber auch bestehende psychiatrische Erkrankungen wie eine Persönlichkeitsstörung sowie die Verfügbarkeit von Waffen gelten als Risikofaktoren.

Fazit: Festzuhalten ist, dass nach bisherigem Forschungsstand in der Psychologie Gewaltdarstellungen in Unterhaltungsmedien die Entstehung aggressiver Gedanken, Gefühle und Handlungen begünstigen können und somit als Risikofaktor eingestuft werden können.

Exkurs: Neue Medien im Kinderzimmer – was sollten Eltern beachten?

In vielen Beratungssituationen tritt die Frage auf, was man als Eltern konkret tun kann, um das Medienverhalten der Kinder günstig zu beeinflussen. Im Folgenden wird vor allem auf den Umgang mit dem Smartphone eingegangen, da dieses aus Erfahrung in den Familien für die meisten Konflikte verantwortlich ist. Aus psychologischer Sicht sind folgende vier Bereiche für die Erziehungsberechtigten zu beachten (Weitere interessante Informationen zum Umgang mit den Neuen Medien finden sie unter www.schau-hin.info.).

Allgemeine Medienerziehung

Die Medienerziehung ist mittlerweile ein fester Bestandteil eines jeden Lehrplans in Deutschland, aber dennoch liegt die Hauptverantwortung immer noch bei den Erziehungsberechtigten und nicht bei den Pädagogen. So müssen Eltern generell ihre Kinder im Umgang mit dem Smartphone unterstützen, indem sie es gemeinsam mit ihrem Kind durchsehen, die Funktionen prüfen und besprechen und vor allem abklären, ab wann welche Apps erlaubt sind. So dürfen Jugendliche offiziell erst ab 13 Jahren Facebook nutzen, Whatsapp sogar erst ab 16 Jahren. Ergo: Grundschulkinder dürften rechtlich gesehen diese Programme überhaupt nicht benutzen, sie sollten deshalb auch von vornherein nicht von den Eltern auf dem Handy ihrer Kinder installiert werden. Benutzen die Kinder diese Apps dennoch, sind die Erziehungsberechtigten für alle darin verfassten Inhalte verantwortlich. Es liegt daher in der Natur der Sache, dass jeder vernünftige Mensch über Dinge, für die er sich verantworten muss, Bescheid wissen möchte, weshalb ein regelmäßiges Besprechen der in Whatsapp verschickten Inhalte anzuraten ist. Dabei geht es weniger um eine Kontrolle aller Chatverläufe als vielmehr darum, ein Metagespräch über Erlaubtes und Unerlaubtes (z. B. strafbare Inhalte) zu führen.

Vorbildfunktion

Ein weiterer wichtiger Aspekt ist die Vorbildfunktion der Eltern. Falls die Eltern selbst als einziges Freizeitmedium das Smartphone, den Fernseher oder die Spiele-Konsole nutzen, darf man sich nicht wundern, wenn auch die Kinder keiner anderen Freizeitaktivität nachgehen. Daher an dieser Stelle der Appell, den Kindern Alternativen aufzuzeigen wie bspw. Freizeitbeschäftigungen in der freien Natur. Prekär wird die Lage, wenn das elterliche Smartphone den eigenen Kindern vorgezogen wird. So sagte ein 7-jähriges Mädchen einmal in der Beratung: „Ich hasse das Handy meiner Mutter! Mama verbringt viel mehr Zeit damit, als mit mir zu spielen." So sollte elterliche Erziehung weiß Gott nicht aussehen.

Klare Nutzungsregeln formulieren

Wie auch in allen anderen Lebensbereichen sind bei der Handynutzung klare Regeln zu formulieren und deren Umsetzung zu überwachen. Dabei können diese Regeln sehr individuell aussehen, im Folgenden werden aber dennoch ein paar Klassiker aufgezeigt: kein Handygebrauch während der Essenszeiten, Ausschalten bzw. Abgeben des Handys über Nacht (Weckfunktion nicht als Ausrede gelten lassen!), Deaktivieren der Pop-up-Meldungen, Unterbinden der Kontaktaufnahme zu fremden/unbekannten Usern, gemeinsames Reden über und Durchsehen der Inhalte und Kontakte auf dem Handy (bis zu einem gewissen Alter).

Medien auch als Ressource wahrnehmen

Trotz aller Kontrollmaßnahmen soll man dennoch den Jugendlichen nicht das Gefühl vermitteln, dass alle Neuen Medien und Apps zu verteufeln sind. Nicht jede Anwendung birgt gleich große Gefahren und u. U. können sich auch Erwachsene neue Apps von ihren Kindern zeigen lassen. Damit fühlen sich die Heranwachsenden zum einen wertgeschätzt und zum anderen nehmen sie wahr, dass die Eltern deutliches Interesse an ihrer Lebenswelt haben.

Diagnostik von aggressivem Verhalten – ein kurzer Überblick

Wie bereits in den anderen Kapiteln erläutert, ist Aggression nicht gleich Aggression. Auch die Motive beziehungsweise die Ursachen, warum Kinder und Jugendliche aggressive Verhaltensweisen zeigen, sind mannigfach. Aus diesem Grund ist es essenziell, eine fundierte und umfangreiche Diagnostik des Betroffenen vorzunehmen, um die Motive für sein Handeln zu erfassen und daraus die geeigneten Förder- und Interventionsmaßnahmen ableiten zu können.

Generell erfolgt das diagnostische Vorgehen immer nach dem gleichen Prozedere. So werden ein *diagnostisches Interview* (Anamnese- und Explorationsgespräch), eine oder mehrere *Verhaltensbeobachtungen* sowie *Leistungs-* und *Persönlichkeitstests* durchgeführt (Schmidt-Atzert & Amelang, 2012). Gerade in Bezug auf die Diagnostik von aggressiven Verhaltensweisen bei Kindern und Jugendlichen sollten m. E. der Auflistung noch die *Dokumentenanalyse* sowie der Einsatz von *projektiven Verfahren* hinzugefügt werden, da sich diese Zusatzmodule in der Praxis sehr bewährt haben (siehe Abbildung 9).

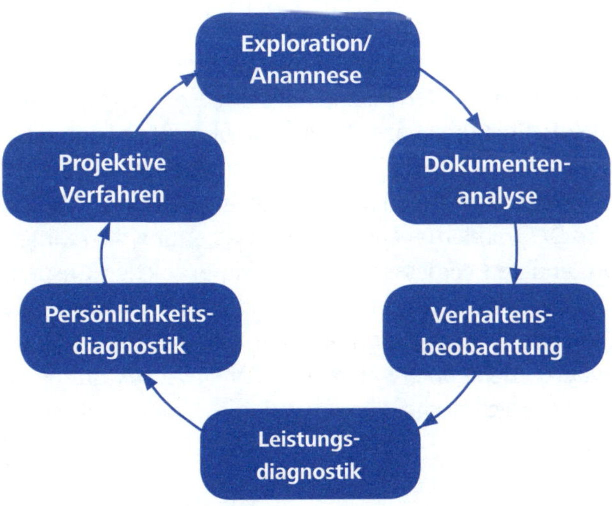

Abb. 9: Diagnostischer Prozess bei aggressivem Verhalten

In der psychologischen Diagnostik dient der Begriff **„diagnostisches Interview"** häufig als Oberbegriff für alle Methoden, die krankheitsbedingte Informationen in einem Gespräch erheben. So werden im psychologischen Setting sehr häufig eine *Anamneseerhebung* (bezeichnet eine gesprächsweise Erkundung der medizinischen Vorgeschichte) sowie eine *Explorationsbefragung* (bezeichnet eine sprachliche Erkundung des Umfeldes des Patienten) durchgeführt. Neben diesen in der Regel nicht standardisierten Methoden würden auch noch halbstandardisierte sowie standardisierte Verfahren (wie bspw. das Kinder-DIPS; Schneider, 2009) zur Verfügung stehen. Diese Art der Gesprächsführung am Anfang des diagnostischen Prozesses ist sehr wichtig, um zum einen eine vertrauensvolle (therapeutische) Beziehung zwischen Klienten, Eltern und Diagnostiker herzustellen – was wiederum für die Anwendung von Interventionsmaßnahmen im späteren Verlauf essenziell ist. Zum anderen dient es der Gewinnung von wichtigen Informationen, wie beispielsweise über die Familiengeschichte, zu Vorerkrankungen oder aktuellen Problemsituationen zu Hause, die bei der Entstehung bzw. Aufrechterhaltung der Problematik maßgeblich sein können. Falls man bereits im Vorfeld Anhaltspunkte für etwaige Ursachen hat, kann man im späteren diagnostischen Verlauf gezielter darauf eingehen.

Jüngeren Diagnostikern ist an dieser Stelle zu empfehlen, bei solchen Elterngesprächen, in denen es um Probleme des Sozialverhaltens des Kindes geht, immer mit einer gewissen psychologischen Skepsis heranzugehen. Zum einen neigen Eltern dazu, das Problemverhalten ihres Kindes zu dramatisieren und den Fokus nur auf das störende, aggressive Verhalten zu richten und die guten Seiten ihres Kindes nicht wahrzunehmen. Diese Einengung des Beschreibungs- bzw. Wahrnehmungsfokus kann man leicht abklären, indem man die Eltern bittet, kurz zu erläutern, was sie an ihrem Kind gut finden. Gelegentlich treten danach mehrere Minuten Stille ohne eine Erkenntnis ein. Das wiederum kann auch Ansätze für spätere Interventionen bieten. Zum anderen vergessen Eltern häufig in solchen Gesprächen, dass sie vielleicht auch einen gewissen Eigenanteil an der Misere haben, bspw. durch mangelnde Regelsetzung bei ihrem Kind oder sogar durch emotionale Deprivation (siehe auch Kapitel 6.2: *Familiäre Faktoren – Erziehungsstil*). Hier lohnt es sich deshalb, in fast jedem Gespräch kritisch und hartnäckig nachzufragen.

Tipp
Ein gut strukturiertes, **diagnostisches Interview** ist eine der wichtigsten Instrumente im Bereich der psychologischen Diagnostik. Hier kann man neben dem Erhalt von biografischen und medizinisch-psychologischen Fakten vor allem auch die Interaktion mit den Eltern bzw. mit den Kindern selbst analysieren und daraus wichtige Erkenntnisse gewinnen.

Häufig bereits vor, aber spätestens nach dem Erstkontakt findet auch die **Dokumentenanalyse** statt. Sie bietet neben dem Gespräch wichtige Anhaltspunkte für das Problemverhalten, etwaige Ursachen sowie weitere ungünstige bzw. günstige Einflussfaktoren. So kann bei Klein- und Vorschulkindern z. B. das *Heft der Vorsorgeuntersuchung* genauer betrachtet werden. Hier können anhand der festgestellten pädiatrischen Befunde Aussagen über bspw. einen psychosozialen Minderwuchs gemacht werden, was auf eine schwere emotionale Deprivation im Kindesalter hindeuten kann (Steinhausen, 2019). Dies könnte wiederum eine Ursache für die aggressiven Verhaltensweisen des Kindes sein. Bei Schulkindern und Jugendlichen bietet sich der Blick in die *Schulzeugnisse* an, die neben einem Überblick über die aktuellen schulischen Leistungen ebenso Eindrücke über das Sozial- und Lernverhalten des Schülers bieten. Neben den bereits genannten Dokumenten fallen auch alle weiteren bereits erhobenen Befunde darunter. Besonders interessant sind Unterlagen aus dem Bereich der Frühförderung, aus den schulvorbereitenden Einrichtungen (SVE), von Ergotherapeuten und Logopäden sowie alle Befunde, die bereits von Ärzten und Psychiatern erhoben worden sind.

Im weiteren Verlauf sollte bei den Kindern und Jugendlichen mit aggressivem Verhalten immer eine **Verhaltensbeobachtung** durchgeführt werden, die der möglichst objektiven Beschreibung des Problemverhaltens dient. Dazu muss man im Vorfeld die Überlegung anstellen, ob so eine *Observation verdeckt oder offen* (Der Klient weiß bzw. weiß nicht, dass er beobachtet wird.) durchgeführt werden soll. Tritt das Problemverhalten vor allem in der Gruppe oder in der Interaktion mit anderen Personen auf, ist eine Beobachtung in den Räumlichkeiten des Kindergartens, der Schule oder auch zu Hause unersetzlich. In solchen Situationen ist eine verdeckte Beobachtung schwierig. Hier kann man aber mit zwei Methoden Abhilfe schaffen. Zum einen besteht die Möglichkeit, den Klienten in der Pause von einem entlegenen Platz (z.B. aus dem Fenster) zu beobachten, sodass er es nicht mitbekommt. Zum anderen kann die Beobachtungszeit des Kindes verlängert werden, z.B. über einen ganzen Vormittag, was die Auftretenswahrscheinlichkeit des aggressiven Verhaltens erhöht, da es dem Kind bzw. Jugendlichen sehr schwerfallen sollte, sein Verhalten den ganzen Vormittag zu kontrollieren. Darüber hinaus muss die Frage geklärt werden, ob man das Kind *frei oder gebunden* (mit oder ohne Leitfaden) beobachtet. Gerade zur Diagnose von aggressiven Verhaltensweisen gibt es eine Vielzahl standardisierter Beobachtungsbögen zur Fremdbeobachtung, wie bspw. das BASYS – Beobachtungssystem zur Analyse aggressiven Verhaltens in schulischen Settings (Wettstein, 2008). Dieses umfangreiche Instrument bietet für den Beobachter eine sehr wertvolle Hilfe – gerade bei komplexen Beobachtungsvorgängen wie bspw. der Unterrichtshospitation –, alle Bereiche (Unterrichtssituation, Lehrerverhalten, Schülerverhalten) im Blick zu behalten und auch zu dokumentieren. Man kann im Zuge der Hospitation auch gleich das Gespräch mit der Erzieherin bzw. mit der Lehrkraft suchen. Gerade die Pädagogen, die jeden Tag mit diesen Kindern arbeiten, sind eine sehr sichere Quelle, wenn es um die Beschreibung der Entwicklung des Sozialverhaltens geht (Petermann & Petermann, 2015). Verhaltensbeobachtung kann aber auch *während der Testdurchführung* stattfinden. Hier liegt der Vorteil auf der Hand, da man sich mit dem Klienten in einer Eins-zu-eins-Situation befindet und dabei sehr viele Beobachtungen bspw. zur Interaktion mit Erwachsenen machen kann. So kann man feststellen, ob sich das Kind kooperativ, oppositionell, misstrauisch oder distanzgemindert verhält. Außerdem kann man Aussagen darüber treffen, wie sich der Klient in Leistungssituationen verhält: Versteht er die Instruktionen, wie geht er mit Misserfolgen um und arbeitet er in einem angemessenen Tempo.

Die **Verhaltensbeobachtung** ist eine nicht zu unterschätzende diagnostische Maßnahme im klinischen, aber auch im pädagogischen Kontext. Neben der Beobachtung im Einzelsetting sind die Erkenntnisse der Eindrücke in Gruppen und der dazugehörigen Interaktionen ein wichtiger Ansatzpunkt für die Ursachengenese und spätere Interventionen.

Die Durchführung von **Leistungstests** ist ein weiterer wichtiger Bereich bei der Ursachengenese von aggressiven Tendenzen. In der Physik wird „Leistung" als Produkt von Zeit und Arbeit definiert. Ähnlich verhält es sich auch in der Psychologie. Hierzu müssen Klienten verschiedene Aufgaben lösen: entweder in einer vorgegebenen Zeit oder so lange, bis sie die Aufgaben nicht mehr lösen können (Speed- vs. Powertest). Anhand der erreichten Leistungen kann man bestimmte Kennwerte wie die Intelligenz oder die Konzentrationsfähigkeit einer Person berechnen. Eine spezielle Form dieser Diagnostika sind die Schulleistungstests, die Kompetenzen bzw. Inhalte der schulischen Curricula abprüfen. Darunter fallen alle Aufgaben zur Ermittlung von Lese- und Rechtschreibfertigkeiten sowie der mathematischen Kompetenzen. Gerade die Feststellung dieser Basiskompetenzen ist bei aggressiven Verhaltensweisen von zentraler Bedeutung, da vor allem Defizite in diesen Bereichen häufig zu Problemen im häuslichen oder im schulischen Setting führen können. Man stelle sich vor, dass ein Kind starke Defizite in der Konzentrationsleistung aufzeigt bzw. an einer Intelligenzminderung leidet, aber eine normale Regelschule mit weiteren 28 Kindern besucht. In der Klasse ist es laut, individuelle Förderung findet nur rudimentär statt und der Lernstoff wird sehr flott unterrichtet. Die Folge für den besagten Schüler mit den o. g. Beeinträchtigungen ist eine enorme Überforderung im schulischen Setting, was zu massivem Frustrationserleben beim Kind führt. Dieses Gefühl der Überforderung, nicht mehr Herr der Lage zu sein, führt zu einer Frustration und Überreaktion, was bei Jungen in der Regel mit aggressiven Verhaltensweisen einhergeht (siehe Kapitel 4.3: *Frustrations-Aggressions-Hypothese*). Wird das Kind entsprechend seiner Begabungen gefördert und erhält zudem weitere schulische Fördermaßnahmen, lassen in der Regel auch die Verhaltensauffälligkeiten schnell nach, weil das Frustrationserleben nachlässt bzw. durch positivere Leistungsrückmeldungen der selbstwertbedrohliche Zustand reduziert wird (siehe Kapitel 5.2: *Psychologische Grundbedürfnisse nach Grawe*). Aus diesem Grund ist eine Leistungsdiagnostik bei Kindern und Jugendlichen mit aggressivem Verhalten essenziell.

Ein weiterer Bereich, der bei einer umfassenden psychologischen Untersuchung nicht fehlen darf, ist die **Persönlichkeitsdiagnostik**. Hierzu werden in der Regel standardisierte Fragebögen eingesetzt, die vom Klienten selbst ausgefüllt werden müssen. Dazu muss sich der Klient auf einer sogenannten Ratingskala, die mehrfach gestuft ist (z. B.: 1 – trifft gar nicht zu bis 6 – trifft völlig zu), selbst einschätzen. Die untersuchten Bereiche können unter anderem Motivation, Interessen und spezielle Persönlichkeitseigenschaften, wie Ängstlichkeit, Empathie, Umgang mit Stresserleben usw., sein. Für den

Bereich des aggressiven Verhaltens gibt es mehrere spezielle Fragebögen, wovon hier zwei exemplarisch vorgestellt sein sollen. Ein Verfahren ist der FEPAA – Fragebogen zur Erfassung von Empathie, Prosozialität, Aggressionsbereitschaft und aggressivem Verhalten (Lukesch, 2006), der die Bereiche Empathie, Prosozialität, Aggressionsbereitschaft und Aggressionshäufigkeit erfasst. Ein weiteres ist der FAVK – Fragebogen zum aggressiven Verhalten von Kindern (Görtz-Dorten & Döpfner, 2010), der die auslösenden sowie die aufrechterhaltenden Komponenten aggressiven Verhaltens beim Klienten erfasst und somit auch gleich Ansatzpunkte für Interventionen liefert. Nachteil bei diesen Fragebögen ist, dass die Testpersonen in der Regel mindestens 9 Jahre alt sein müssen, um diese Verfahren durchführen zu können. Das hat vor allem den Hintergrund, dass die Kinder zu einer objektiven Reflexion ihres Verhaltens und Erlebens in der Lage sein müssen, was bei jüngeren Kindern i. d. R. noch nicht gegeben ist (Lukesch, 2006). Neben der Erfassung des aggressiven Verhaltens sollten auch immer die psychologischen Grundbedürfnisse, z. B. mithilfe des Störungsübergreifenden Diagnostik-Systems für die Kinder- und Jugendlichenpsychotherapie (SDS-KJ; Borg-Laufs, 2016), bestimmt werden.

Abgesehen von den Testverfahren, die als standardisiert gelten, gibt es noch weitere Verfahren, die zur Diagnostik herangezogen werden können. So können Methoden aus der Psychoanalyse durchaus sinnvoll sein, wie bspw. die klassischen **projektiven Verfahren**. Sie gehören wohl zu den umstrittensten diagnostischen Verfahren überhaupt. Für die einen stellen sie einen einzigartigen und ergiebigen Zugang zur Persönlichkeit eines Menschen, seinen Motiven, Wünschen und Bedürfnissen dar. Für die anderen sind sie ein psychometrischer Albtraum, da die Verfahren keine allgemeingültigen Gütekriterien, wie bspw. Objektivität, vorweisen. Trotz der Kritik werden diese Verfahren regelmäßig in der klinischen Psychologie angewendet und dienen dort vor allem als hypothesengenerierendes Verfahren, d. h., Ergebnisse und Erkenntnisse aus der Untersuchung werden als richtungsweisend verwendet, aber nicht um eine Diagnose zu festigen und zu belegen. Diese Eigenschaft kann man sich auch im pädagogischen Kontext zunutze machen. Zudem zählen die projektiven Verfahren, die ihren Ursprung in der tiefenpsychologischen bzw. psychodynamischen Therapie haben, zu den ältesten Erhebungsverfahren überhaupt, wenn es um die Diagnose von aggressivem Verhalten geht (Petermann & Petermann, 2015).

Der psychologische Vorgang der Projektion besteht in diesem diagnostischen Prozess darin, dass Personen auf der Basis eines tiefenpsychologischen Konzeptes mehrdeutige Testmaterialien vorgelegt werden oder sie selbst etwas zeichnen müssen, um darüber den Zugang zu intrapsychischen, unbewussten Prozessen zu ermöglichen. Die Projektion spielt dabei eine entscheidende Rolle, da man davon ausgeht, dass man bei diesen Materialien anderen Menschen Eigenschaften, Gefühle und/oder Wünsche unterstellt, die man selbst hat, aber sich nicht eingesteht, weil sie gewöhnlich negativ bewertet werden (vgl. den Konflikt zwischen den Instanzen ES und ÜBER-ICH; siehe Kapitel 4.1: *Die Triebtheorie nach Freud im Rahmen des Instanzenmodells*). Diese Vorgänge laufen in der Regel unbewusst ab und dienen als sogenannter Abwehrmechanismus, den das ICH ergreift, um das psychische Gleichgewicht im Organismus aufrechtzuerhalten (Freud, 1915; Mentzos, 1989). Über diesen Abwehrmechanismus kann man Rückschlüsse auf innere Konflikte (z. B. Selbstwertkonflikt) oder defizitäre Grundbedürfnisse ziehen.

Unterteilen kann man diese besondere Form der Diagnostik in drei Kategorien:

- **Formdeuteverfahren.** Ein Beispiel hierfür wäre der Rorschach-Test, bei dem man Tintenkleckse deuten soll (siehe Abbildung 10; Bohm, 1996).
- **Gestaltungsverfahren.** Ein Beispiel ist das Verfahren „Familie in Tieren", bei dem die eigene Familie als Tiere gezeichnet werden soll (Brem-Gräser, 2011).
- **Verbal-thematische Verfahren.** Ein Beispiel ist „Der Schwarzfuß-Test", bei dem die Klienten sich aus einem Stapel von Bildern mehrere aussuchen dürfen und anschließend dazu eine Geschichte erfinden sollen (Corman, 2013).

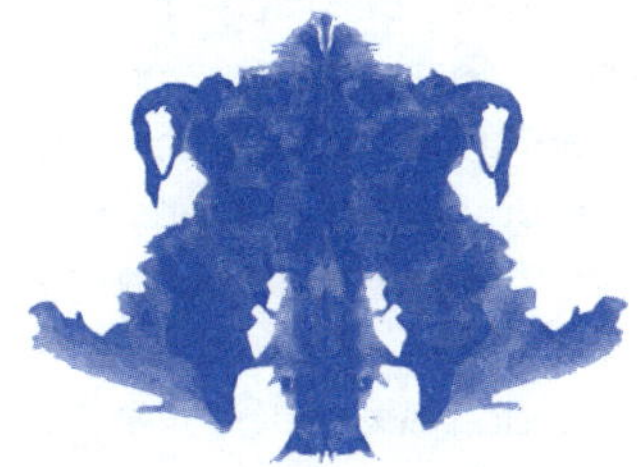

Abb. 10: Eine Aufgabe aus dem Rorschach-Test (© Pixabay.com)

Projektive Verfahren sind m. E. trotz ihres fragwürdigen Rufes ein unverzichtbares Instrument im diagnostischen Prozess von aggressiven Verhaltensweisen. Besonders bei jüngeren Kindern und wenn die Ursachen für das auffällige Verhalten nicht gerade in beobachtbaren Settings wie Familie bzw. Schule oder im Leistungsbereich des Kindes zu suchen sind, geben diese Verfahren dem Diagnostiker einen umfangreichen Einblick in die möglichen Kontroversen der kindlichen Seele. Hier sind besonders die inneren Konflikte sowie Defizite bei der Erfüllung psychologischer Grundbedürfnisse zu erwähnen, die auch bei den Interventionen eine wichtige Rolle spielen. Natürlich setzt die Anwendung dieser Verfahren – wie jede andere psychologische Diagnostik – eine qualifizierte Ausbildung voraus. Was aber hier als entscheidender Faktor zusätzlich noch hinzukommt, ist die Erfahrung, die man sich erst erarbeiten muss.

Fazit: Die Diagnostik bei Kindern und Jugendlichen mit aggressiven Verhaltensweisen ist eine sehr zeitaufwändige Prozedur. Neben der Bestimmung des Schweregrads und der Art des aggressiven Verhaltens (mithilfe von Verhaltensbeobachtung und/oder Fragebögen) liegt der Fokus vor allem auf der Ursachenklärung: „Warum ist der Junge/das Mädchen so?", „Warum tut er/sie das?" Gerade um diese Fragen zu klären, müssen alle Bereiche sorgfältig analysiert und begutachtet werden.

Tipp aus der Praxis

Ein gut vorbereitetes und durchgeführtes Anamnese- und Explorationsgespräch sowie eine gezielte Verhaltensbeobachtung machen m. E. viele weitere Testverfahren überflüssig. Man erlebt es in der Praxis leider immer wieder, dass gerade bei der Diagnostik von aggressiven Verhaltensweisen eine Vielzahl an Testverfahren verwendet wird, die nicht unbedingt nötig wären. Häufig hört man dann schon Aussagen von Kindern wie: „Jetzt kommt schon wieder jemand und schaut mich an!" „Ich muss wirklich krank sein!", „Nein, nicht schon wieder!" Man muss sich als Diagnostiker eines vor Augen führen: Jede Testsituation hat Einfluss auf die kindliche Entwicklung sowie auf das Selbstbild des Kindes.

8

Aggressives Verhalten – welche Möglichkeiten der pädagogischen und psychologischen Intervention gibt es?

Sobald aggressives Verhalten oder Gewalt auftritt, möchten alle Beteiligten in der Regel sofort und effizient gegensteuern. Je nach politischem und psychologischem Standpunkt fallen entsprechende Empfehlungen sehr unterschiedlich aus. Wer Mängel in gesellschaftlichen Strukturen als Nährboden vermehrter Aggression ansieht, wird gesellschaftliche Veränderungen fordern, wie bspw. mehr Polizei auf den Straßen oder Bekämpfung der Jugendarbeitslosigkeit. Wenn man die Ursachen mehr im psychologischen Bereich vermutet, werden andere Forderungen gestellt und dementsprechend andere Maßnahmen ergriffen. Laut der Triebtheorie nach Freud muss z. B. die ständig fließende Aggressionsenergie in irgendeiner Form kanalisiert werden, da sonst der Versuch, sie zu unterdrücken, das Risiko eines unkontrollierten Ausbruchs (z. B. impulsives oder aggressives Verhalten) begünstigt. Anhänger der Frustrations-Aggressions-Theorie werden versuchen, frustrierende Lebensereignisse soweit wie möglich zu reduzieren. Anhänger der lernpsychologischen Theorien vertreten den Standpunkt, dass man den Aufbau der Aggressivität dadurch vermeidet, indem man die Aufmerksamkeit (= eine positive Verstärkung) reduziert und Bestrafungen erhöht.

Fazit: Es besteht ein sehr hoher Therapiebedarf bei Kindern und Jugendlichen mit aggressiven Verhaltensweisen, da das Chronifizierungsrisiko des abweichenden Verhaltens sehr hoch ist und diese Patienten eine sehr ungünstige Sozialprognose aufzeigen – besonders bei einem sehr frühen Krankheitsbeginn. Weitere Faktoren, die für einen zügigen Therapiebeginn sprechen, sind ein hoher Schweregrad, viele Begleiterkrankungen und fehlende soziale Bindungen (Grasmann, 2015).

Heutzutage haben sich in der Behandlung von aggressiven Verhaltensweisen zwei Bereiche herauskristallisiert, die überwiegend mit den verhaltenstherapeutischen Methoden (alias „Lerntheorien") behandelt werden. Zum einen finden eine intensive Aufklärung sowie ein Coaching der Eltern bzw. der Erziehungsberechtigten zum Umgang mit aggressiven Kindern statt. Zum anderen werden eine Schulung und Förderung der Handlungskompetenzen der Kinder und Jugendlichen in Stresssituationen durchgeführt. Beide Bereiche werden im Folgenden kurz skizziert.

8.1 Elternarbeit

Dass die Familie ein Risiko-, aber auch ein Schutzfaktor sein kann, wurde bereits im Kapitel 6: *Familiäre Faktoren* erläutert. Die größten Risiken bestehen hierbei, wenn Eltern selbst als aggressive Vorbilder agieren, zu harte Disziplinierungsmethoden oder gar keine Vorgaben von Regeln (mangelnde Regelsetzung) anwenden, Emotionsregulationsstrategien ihres Kindes nicht fördern sowie starke Nachgiebigkeit bei aggressiven Verhalten zeigen.

Daher streben die meisten Trainings eine Modifikation der Eltern-Kind-Interaktion an, indem die Eltern befähigt werden sollen, prosoziales Verhalten ihrer Kinder optimal zu fördern, aber auch auf abweichendes Verhalten angemessen reagieren zu können. Um dieses bewerkstelligen zu können, werden folgende klassischen Bereiche geschult:

- Zur Verbesserung des Familienklimas werden mit den Eltern positive Verstärkungsstrategien als Reaktion auf gewünschtes Verhalten erarbeitet (z. B. sogenannte Tokensysteme; siehe Exkurs).
- Eltern werden dazu angehalten, Regeln einzuführen und diese auch konsequent durchzusetzen.
- Eltern werden im Zuge dieser Trainings auch über das psychologische Phänomen des Lernens am Modell informiert und darüber in Kenntnis gesetzt, welche enorme Vorbildfunktion ihr Verhalten, besonders bei jüngeren Kindern, hat.

Die Prognose sowie die Wirksamkeit dieser Maßnahmen hängt entscheidend von der Motivation und der Kooperation der Betroffenen ab. Zeigen die Eltern ein mangelndes Problembewusstsein, eine reduzierte Behandlungseinsicht oder eine eingeschränkte Compliance (z. B. fehlende Terminwahrnehmung, Unpünktlichkeit, fehlende Unterlagen usw.), ist der Therapieerfolg sehr fraglich.

Exkurs: Belohnen, aber richtig!

Schon ein altes Sprichwort sagt, dass ein „mattes Lob Tadel ist“. Aber wie lobt man bzw. belohnt man als Eltern oder als Pädagogen richtig? Generell muss man anmerken, dass Belohnen für das Verändern von Verhalten effektiver ist als das Bestrafen. Natürlich haben auch Strafen einen heilsamen Charakter, man denke nur an die Bußgeldzahlungen oder gar den Führerscheinentzug bei starken Geschwindigkeitsübertretungen. Hier wird der Betroffene sicherlich bei der nächsten Autofahrt ein besonneneres Verhalten zeigen als noch vor der Sanktionierung. Bei verhaltensauffälligen Kindern und Jugendlichen, die häufig nur noch inflationär bestraft werden, greifen diese Sanktionierungsmaßnahmen aber irgendwann einmal ins Leere. Man könnte fast behaupten, dass sich die Betroffenen daran gewöhnen. Unter diesem Aspekt ist es aus psychologischer Sicht absolut notwendig, ein Belohnungssystem zu etablieren, was schon bei minimalem abweichenden Verhalten, wie bspw. der Unlust, die Hausaufgaben zu machen, hilft. Der Sinn dieser Maßnahme ist, dass die Kinder auch wieder einmal ein Lob bewusst registrieren, was neben dem Erleben von Erfolg eine selbstwertförderliche Maßnahme ist (siehe Kapitel 5.2.2: *Das Bedürfnis nach Selbstwerterhöhung und Selbstschutz*). Eltern wie Pädagogen werden mit so einem System zudem zu konsistentem Verhalten veranlasst und der Fokus ihrer Aufmerksamkeit wird wieder mehr auf die positiven Verhaltensweisen des „Aggressors“ gerichtet.

Aber wie geht man nun bei der Etablierung eines solchen Systems vor. Zuerst müssen Eltern (oder Pädagogen) das Problemverhalten, das geändert werden soll, klar benennen oder definieren. So könnte man bspw. sagen, dass Lukas immer belohnt werden soll, wenn er nicht mit Büchern um sich wirft, wenn er wütend ist. Schimpft Lukas jetzt, anstatt

Gegenstände durch die Wohnung zu werfen, kann eine Belohnung stattfinden, indem z. B. auf einem Plan ein Punkt ausgemalt oder gestempelt wird (Beispiele für Verstärkerpläne siehe Anhang). Wichtig ist dabei die Visualisierung, also dass das Kind oder der Jugendliche auch seine Erfolge sieht und bewusst wahrnimmt. Dies führt zu Glücksgefühlen und einer Förderung des Selbstwirksamkeitserlebens („Ich kann an der Situation etwas ändern!"). Ist eine gewisse Anzahl an Stempeln o. Ä. erreicht, können diese gegen eine Belohnung eingetauscht werden. Hier gilt es zu beachten, dass der Verstärker auch eine motivierende Wirkung auf den Betroffenen hat. Zudem haben sich in der Praxis, gerade im familiären Setting, soziale Verstärker sehr bewährt, wie z. B. am Sonntag 20 Minuten „Mamazeit", d. h. Zeit nur mit der Mama allein verbringen, oder mit Papa zu einem Fußballspiel gehen. Viele Eltern neigen dazu, vor allem materielle Belohnungen, wie Geld und PC-Spiele zu verwenden, was aber psychologisch gesehen wenig Sinn macht, da gerade Kinder mit aggressiven Verhaltensweisen defizitäre Bindungs- und Beziehungsstrukturen aufzeigen, und diese Defizite werden mit materiellen Verstärkern definitiv nicht befriedigt (siehe Kapitel 5.2.1: *Das Bedürfnis nach Bindung*).

8.2 Handlungskompetenz

Neben der Optimierung des familiären Rahmens sowie der elterlichen Erziehungskompetenz wird auch mit den Kindern und Jugendlichen selbst gearbeitet. Hier liegt der Fokus der Interventionen vor allem auf der Schulung bzw. der Vermittlung sozial-kompetenter Verhaltensweisen. Dabei werden ganz verschiedene Bereiche mit den Betroffenen durchgearbeitet (siehe Tabelle 4; Petermann & Koglin, 2013)

Tab. 4: Inhalte bzw. Bereiche von sozialen Kompetenztrainings

Bereich	Erklärung
Einüben von Selbstbeobachtung und Selbstbewertung	Kinder sollen hierbei erlernen, sich selbst, sprich ihre eigenen Emotionen und ihr Verhalten, zu beobachten, zu differenzieren sowie zu bewerten.
Selbstinstruktionstraining	Hier lernen die Kinder/Jugendlichen sich selbst über mündliche, verinnerlichte Anweisungen zu steuern (Verhalten und Emotionen).
Training der sozialen Problemlösefähigkeiten und der Kommunikationsfertigkeiten	Das Lösen zwischenmenschlicher Konflikte ohne Gewaltanwendung bildet hier den Schwerpunkt.
Training der sozialen Perspektivenübernahme	Die Kinder lernen, Emotionen und Gedanken anderer zu berücksichtigen.
Ärger-Management-Training	Die Kinder lernen, eigenen Ärger und eigene Wut wahrzunehmen und damit angemessen umzugehen.

Eine häufig angewandte Intervention, die sich auch in Tabelle 4 unter dem Begriff „Ärger-Management-Training" wiederfindet, ist das Einstudieren sogenannter „Skills" (Eismann & Lammers, 2017). Der Begriff „Skill" kommt aus dem Englischen und bedeutet Fertigkeit. Damit ist eine einfache Technik gemeint, die man sicher beherrscht und die man in Situationen mit hohem emotionalen Stress (oder Wut) sofort einsetzen kann, um zum einen das Stressniveau schnell und effektiv zu senken und zum anderen nicht die Kontrolle über das eigene Verhalten zu verlieren bzw. schädliche Verhaltensweisen (z. B. Selbstverletzung oder Aggression) verhindern zu können. Ein Klassiker aus diesem Bereich ist die Verwendung eines Wutballes zum Drücken in Stresssituationen. Man sollte aber immer beachten, dass diese Skills keine Selbstläufer sind. Es ist notwendig, mit den Kindern und Jugendlichen im Vorfeld die Frühwarnzeichen zu ermitteln („Woran erkenne ich, dass ich gleich explodiere?"), verschiedene Skills auch mit den Betroffenen auszuprobieren, eine Sammlung von möglichen Skills anzulegen und diese Methode kontinuierlich einzustudieren. Sprich, das einfache Geben eines Wutballes, um aggressives Verhalten zu reduzieren, ist definitiv zu wenig und therapeutisch gesehen alles andere als zielführend.

Ein Kompakttraining mit allen Inhalten der Tabelle 4 umfasst in der Regel 25 Zeiteinheiten, die über ein halbes Jahr verteilt durchgeführt werden sollten. Häufig werden dabei Phasen von Einzelsitzungen mit Übungen in der Gruppe kombiniert. Eine Methode, die sich in der Praxis sehr bewährt hat, ist die Verwendung von Rollenspielen in den therapeutischen Settings. Rollenspiele ermöglichen es im Rahmen einer Einzel- und Gruppentherapie, Fertigkeiten einzuüben, die positives Sozialverhalten (z. B. Kooperation, Hilfsbereitschaft) fördern und unterstützen, wobei die Perspektivenübernahme durch die verstärkte Einübung von Einfühlungsvermögen entscheidend ist. Kurse zur Schulung der sozial-emotionalen Kompetenzen von Kindern und Jugendlichen sowie zur Schulung der Erziehungskompetenz der Eltern bieten neben Psychiatern und Psychotherapeuten auch Jugendämter oder psychologische Beratungsstellen an (Liste mit möglichen Therapieprogrammen siehe Anhang).

Exkurs: Aggressionsreduktion durch Anschreien, Boxen und Co.!

Sehr häufig kommt in der Beratung die Frage auf, ob man ein aggressives Kind nicht einfach beim Boxen anmelden soll, um so präventiv möglichen Ausbrüchen vorzubeugen, da der Sprössling die vorhandenen Aggressionstriebe kontrolliert im Sport abbauen kann. Diese Methode ist bekannt unter dem Begriff der „Karthasis-Theorie", nach der das Abreagieren von Ärger, Wut oder Aggression an unbelebten Gegenständen oder auch lebendigen Personen bzw. Tieren helfen soll, diese Emotion zu reduzieren. Doch wieder muss man die Eltern und Pädagogen enttäuschen, denn diese Annahme ist mehrfach widerlegt worden (Nolting, 2015). In einer Studie mit Studierenden, die ihr Spiegelbild anschreien und beschimpften sollten und sich dabei vorstellen sollten, dass ihnen gegenüber der Chef oder ihr Widersacher steht, stellte sich heraus, dass die Studierenden danach noch mehr Groll auf den Provokateur hatten als davor. Gemindert wurden die aggressiven Tendenzen der Teilnehmer durch das Reflektieren der eigenen Gefühle sowie das Gespräch mit einem verständnisvollen Zuhörer. Bei einer weiteren Studie wurden fünfzehnjährige Jugendliche im Unterricht bewusst unfair behandelt und auf diese Weise akut verärgert. In der nachfolgenden Sportstunde hatte die eine Gruppe die Möglichkeit, einen Medizinball so heftig, wie sie konnten, gegen die Wände zu prellen, während die andere Gruppe eine Geschicklichkeitsübung am Barren durchführen musste. Bei der anschließenden Erfassung des Aggressionspotenzials gab es keine signifikanten Unterschiede. Ähnliche hohe Ergebnisse beim Wutpotenzial ergaben Studien mit Jugendlichen, denen zuvor das Einschlagen auf ein „Hau-den-Lukas-Gerät" oder das massive Schlagen auf einen Punchingball ermöglicht wurde.

Fazit: Summa summarum kann man feststellen, dass das reine Abreagieren an unbelebten Gegenständen bei einer akuten Ärger-Frustrations-Aggression keinerlei Katharsis-Wirkung aufzeigt.

Selbstverständlich sind diese Befunde kein Argument gegen das Boxen und andere Kampfsportarten. Ganz im Gegenteil – diese Sportarten sind gut geeignet zum Erlernen von Körperbeherrschung und Koordinationsfähigkeiten, zum Erfahren von Verhaltensregeln in Kampfsituationen und Teamplay. Aggressive Tendenzen lassen sich damit aber weder verringern noch dauerhaft abbauen.

8.3 Abschließende Bewertung und Ausblick

Erhöhung der Erziehungskompetenz der Eltern sowie die Schulung der Handlungskompetenz des Kindes oder des Jugendlichen sind die klassischen Bereiche bei der Behandlung aggressiver Verhaltensweisen. Übertragen auf das Modell der psychologischen Grundbedürfnisse würden sie die Bedürfnisse nach Kontrolle (z. B. Steigerung der Handlungskompetenz) und nach Bindung (z. B. Eltern-Kind-Interaktion) befriedigen. Meines Erachtens kann man davon ausgehen, dass das Bedürfnis nach Kontrolle durch die Durchführung entsprechender Trainingsprogramme definitiv ausreichend befriedigt wird. Bei dem Bedürfnis nach Bindung sieht es schon anders aus. Der Fokus der hierfür verwendeten klassischen Therapien liegt auf der Schulung der elterlichen Erziehungskompetenz, um somit das Bindungs- bzw. Beziehungsverhältnis zwischen Eltern und Kind zu optimieren. Natürlich ist dieser Schritt richtig und auch wichtig, was aber nicht vergessen werden darf, ist, dass gerade das Bedürfnis nach Bindung und nach sozialen Beziehungen nicht nur im häuslichen Setting, sondern gerade bei Schulkindern besonders auch in der Schule befriedigt werden muss. Dieser Aspekt wird bei den meisten bestehenden Programmen eher stiefmütterlich behandelt. Was zudem generell bei den meisten Interventionsansätzen fehlt oder nur sehr rudimentär behandelt wird, ist die Befriedigung des Bedürfnisses nach Erfüllung des Lustgewinns (alias „Arbeitsfreude") sowie der Steigerung des Selbstwertgefühls, obwohl gerade das letzte Bedürfnis in zahlreichen Studien als eine explizite Ursache aggressiven Verhaltens belegt worden ist. Die angesprochenen Lücken sollen mit dem Auctoritas-Modell geschlossen werden, das im folgenden Kapitel genauer erläutert wird.

9

Das Auctoritas-Modell – ein neuer Umgang mit aggressiven Verhaltensweisen

Der Mensch strebt mit seinem Verhalten danach, seine Grundbedürfnisse zu befriedigen und nutzt alle Möglichkeiten, die ihm zur Verfügung stehen, um dies zu erreichen. Dieses Streben sollte als Ressource gesehen werden, weil damit ein Ansatzpunkt gegeben ist, an dem die Interventionsmaßnahmen ansetzen können. Das Konzept der Ressourcenorientierung (d. h. den Fokus der Arbeit nicht auf die Defizite des Klienten richten, sondern auf das, was er leisten kann und will) ist in der Psychotherapie nicht neu und hat sich bei vielen anderen Krankheitsbildern bewährt. Basierend auf diesem Grundgedanken sowie auf dem theoretischen Fundament der psychologischen Grundbedürfnisse wurde das Auctoritas-Modell konzipiert, was regelmäßig in meiner psychologischen Praxis Anwendung findet.

Grundgedanke dieses Ansatzes ist es, den Fokus auf die Bedürfnisse des Klienten zu richten und nicht nur auf sein gezeigtes Verhalten. Hier muss man sich vom behavioristischen Geist lösen, den Fokus lediglich auf die sogenannte Reiz-Reaktions-Kopplung zu legen. Vielmehr sollte man versuchen zu erkennen, welches Grundbedürfnis momentan befriedigt werden möchte. Als Eltern oder auch als Pädagogen muss man sich vor Augen halten, dass das Kind oder der Jugendliche mit seinem aggressiven Verhalten einem etwas sagen möchte – er braucht etwas. Sein Verhalten ist eigentlich sekundär, primär geht es um die Botschaft, dass etwas gebraucht wird. Als Grundsatz muss hier die Trennung von Verhalten und Persönlichkeit gelten. Gelingt es, das Problemverhalten und die zugrunde liegende Motivation klar voneinander abzugrenzen, wird das Erreichen der Behandlungserfolge wahrscheinlicher. Natürlich ist es aus psychologischer Sicht sinnvoll, im Vorfeld eine ausgiebige Diagnostik durchzuführen, aber aufgrund der Erfahrung und der Befundlage diverser Studien ist gerade bei Klienten, die aggressives Verhalten zeigen, das Bedürfnis nach Bindung, nach Selbstwert und nach Kontrolle bzw. Orientierung nicht befriedigt – und genau hier setzt das Auctoritas-Modell an.

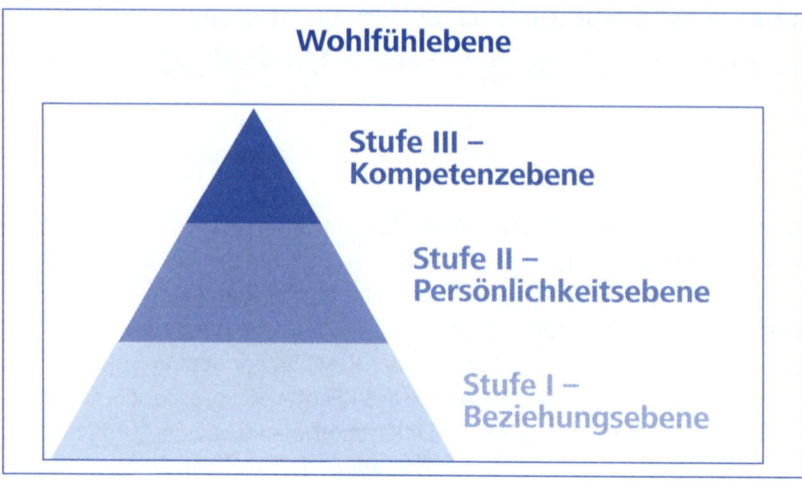

Abb. 11: Das Auctoritas-Modell mit seinen einzelnen Stufen

Der Aufbau dieses Behandlungsmodells ist kaskadenartig und hat die Form einer Pyramide (siehe Abbildung 11). Das Besondere ist, dass in diesem Modell eine Hierarchisierung der psychologischen Grundbedürfnisse stattfindet, die bspw. Grawe in seinen Annahmen nicht thematisiert hat. Die Grundbedürfnisse sind m. E. hinsichtlich der Wichtigkeit ihrer Erfüllung nicht gleichwertig, ähnlich wie es bei der Maslow'schen Bedürfnispyramide der Fall (Maslow, 1954). Dies bedeutet, nur wenn die grundlegenden Bedürfnisse befriedigt sind, kann an der nächsthöheren Stufe weiter gearbeitet werden, was sich auch in den Interventionen und dem therapeutischen Arbeiten widerspiegelt. Der Name des Modells (lat. auctoritas – Einfluss) soll zudem darauf anspielen, welchen Einfluss v.a. Eltern (bzw. andere wichtige Bezugspersonen) auf die positive, aber auch negative Entwicklung ihrer Kinder haben, da sie für den gelungenen Erwerb der Bindungsfähigkeit (= Grundstufe der Pyramide) verantwortlich sind. Die Wichtigkeit des Bindungserlebens erkennt man an eben diesem pyramidalen Aufbau, da die Befriedigung der Grundstufe die Voraussetzung für die erfolgreiche Arbeit an den weiteren Stufen ist. Die Stufen des Auctoritas-Modells sowie dazu mögliche Interventionsmaßnahmen werden im Folgenden genauer erläutert.

9.1 Stufe I – Beziehungsebene

Die Basis bildet die „Beziehungsebene" (entspricht dem Bedürfnis nach Bindung). Ohne dieses starke Fundament sind m. E. alle weiteren Schritte im pädagogischen und psychologischen Setting wirkungslos. Der Wunsch nach stabilen, emotionalen Bindungserfahrungen ist das primäre Bedürfnis eines jeden Menschen, und wenn dieses nicht erfüllt ist, entstehen viele intra- und interpersonelle Probleme (z. B. Familienstreitigkeiten). Zudem bilden für das Erlernen von bspw. emotionalen und sozial-kompetenten Verhalten soziale Beziehungen und die daraus resultierende emotionale Bindung die Grundlagen (siehe Kapitel 5.2.1: *Das Bedürfnis nach Bindung*). Dieser Vertrauensaufbau ist das Kernstück eines jeden pädagogischen und therapeutischen Settings. Eine vertrauensvolle Beziehung ist nicht naturgegeben, sondern muss mühsam durch Beweise im (gezeigten) Verhalten und im Kontakt miteinander entwickelt werden. Darunter fällt unter anderem, Empathie für die Situation des Kindes oder des Jugendlichen zu zeigen. Man sollte ihnen das Gefühl vermitteln, dass man sie „mag", obwohl sie ein eher unerwünschtes Verhalten zeigen. Nichtsdestotrotz sollte man sich selbst treu sein und Punkte durchaus direkt ansprechen, die man anders sieht. Des Weiteren muss das Verhalten des Therapeuten/Pädagogen für das Kind durchschaubar und nachvollziehbar sein. Es hilft ferner, ihm die Strukturierung des Handelns und Aufgabenorientierung zu erklären, direkt zum Erleben des Kindes Nachfragen zu stellen und natürlich sollte man es hin und wieder für die stellenweise anstrengenden Prozesse loben und nicht nur für das Ergebnis am Ende. Im Folgenden werden geeignete Maßnahmen zum Vertrauensaufbau anhand der Bereiche „Elternarbeit" und „schulisches Setting" aufgezeigt.

Exkurs: Beziehungsaufbau mittels Brett- und Konstruktionsspielen

Kinder im Alter von fünf bis zehn Jahren sind für rationale Argumente nicht immer so zugänglich, wie es Jugendliche oder gar Erwachsene sind. Zwar sind Kinder in diesem Alter generell sehr vertrauensselig, doch kann in manchen Situationen, gerade wenn es sich um Kinder aus schwierigen familiären Situationen handelt, der Beziehungsaufbau sehr schleppend sein. Hier hat sich der Einsatz von Konstruktions- oder Brettspielen bewährt. Spielen ist die zentrale Tätigkeitsform des kindlichen Lebens und kann somit auch als anthropologische Grundlage gesehen werden, die sich über alle Ethnien hinweg zeigt. Die professionelle Ausrichtung – die Spieltherapie – hat ihre Wurzeln in der Psychoanalyse und ist in der Psychologie ein weitverbreitetes Mittel, um eine Vertrauensbasis mit Kindern aufzubauen und ggfs. auch Zugang zu den unbewussten Anteilen des Kindes zu erlangen (Diagnostik). Das Spielen nimmt bei Kindern eine zentrale Rolle ein und ist aus psychoanalytischer Sicht sehr wichtig, weil das Kind im Spiel sich selbst, aber auch seine Umwelt kennenlernt und auch (neue) soziale Rollen und Werte ausprobieren und ggfs. in das eigene Wertesystem internalisieren kann. Zudem haben Kinder damit die Möglichkeit, ohne großen Sprachanteil ihr inneres Erleben Erwachsenen mitzuteilen. Geeignet sind für diesen Zweck immer Bauklötze, Legosteine oder Playmobilfiguren, mit denen man familiäre und schulische Situationen (nach)spielen kann. Aber auch Kartenspiele, wie Halli Galli® oder Uno®, sind bestens geeignet, weil hier zugleich das Arbeitsverhalten sowie die Frustrationstoleranz des Kindes beobachtet werden kann.

9.1.1 Das Elterncoaching

Der Wunsch nach emotionaler Bindung sowie nach ehrlicher Beziehung des Kindes/Jugendlichen bezieht sich nicht nur auf den Pädagogen/Therapeuten, der mit ihm arbeitet, sondern vor allem auch auf seine Eltern. Aus diesem Grund ist in der Anfangsphase des Trainings, besonders bei Kleinkindern sowie Grundschulkindern, ein intensiver Kontakt mit den Eltern, Pflegeeltern, Betreuern in Wohngruppen etc. unabdingbar. Der Kontakt kann über den Therapeuten, Pädagogen, Lehrer oder durch professionelle Hilfsdienste, wie Mitarbeiter im Jugendamt, psychologische Beratungsstellen usw. hergestellt werden. Alternativ können die Erziehungsberechtigten auch an einem konkreten Elterntraining wie bspw. „Triple P" (www.triplep.de) oder „Plan E – Eltern stark machen" (Schwenck & Reichert, 2012) teilnehmen. Falls dieses aus zeitlichen Aspekten oder wegen mangelnder Angebote nicht möglich ist, hat sich aus meiner Erfahrung bewährt, mit den Betroffenen folgende vier Bereiche in mehreren Sitzungen durchzusprechen (siehe Abbildung 12):

Abb. 12: Die vier Module im Bereich des Elterncoachings im Auctoritas-Modell

1. Psychoedukation und Ressourcenaktivierung

In diesem Bereich werden die Erziehungsberechtigten über die verschiedenen Bindungstypen und deren Entwicklung aufgeklärt. So wird bspw. thematisiert, dass eine sichere Bindung das Ergebnis von feinfühligem Verhalten gegenüber dem Kind oder Jugendlichen ist. Darunter versteht man vor allem angemessenes und promptes Reagieren auf die Signale und Bedürfnisse des Kindes durch erwachsene Bezugspersonen. Als Bindungsperson muss man seinen Kindern immer körperlich und emotional zur Verfügung stehen. Diese Kontinuität und Verlässlichkeit bildet das (Ur-)Vertrauen und Sicherheit. Dabei ist besonders wichtig, dass die Beziehungs- und Bindungsangebote ohne erwartete Gegenleistung seitens der Eltern wiederholt werden müssen. Emotionale Erpressungen oder gar Liebesentzug wirken toxisch auf jede Eltern-Kind-Beziehung. Auch die Entwicklung einer realistischen Erwartungshaltung sollte immer mit Eltern besprochen werden. Therapeutische Arbeit benötigt seine Zeit und ein Kind, das über mehrere Monate oder gar Jahre sein abweichendes Verhalten internalisiert hat, wird es mit hoher Wahrscheinlichkeit nicht nach zwei Sitzungen beim Fachmann ablegen oder verlernt haben. Zudem sollten die Erziehungsberechtigten darin geschult werden, schwierige Situationen erst gar nicht aufkommen zu lassen und die Auftretenswahrscheinlichkeit im Vorfeld zu minimieren. So könnte man zum Beispiel, wenn es vor allem Probleme beim Anziehen in der Früh gibt, die Kleider mit dem Kind am Abend davor gemeinsam aussuchen und herauslegen. Eine Übung zur emotionalen Bindung zwischen Eltern und Kind ist bspw. die Frage, was die Eltern an ihrem Kind gut finden, und die Ergebnisse zu verschriftlichen. Dieses Schriftstück kann dann in ganz schwierigen Situationen wieder gelesen werden.

2. Förderung eines positiven Familienklimas

In diesem Modul werden vor allem psychologische Grundlagen aus dem Bereich der Lerntheorien sowie der Erziehungswissenschaften thematisiert. Ein fester Bestandteil besteht darin, die Eltern über ihre Vorbildfunktion aufzuklären (siehe Kapitel 4.4: *Lerntheoretische Ansätze*). Aber auch die Wirkung der verschiedenen Erziehungsstile (siehe Kapitel 6.2: *Familiäre Faktoren – Erziehungsstil*) wird hier ausgiebig besprochen. Abschließend wird auf die Wirkung der Rituale eingegangen, die für die Befriedigung des Bedürfnisses nach Orientierung essenziell sind. Hier kann man bspw. durchsprechen, wie verschiedene mögliche Rituale in der Familie umgesetzt werden können. Eine Übersicht bietet die Tabelle 5.

Tab. 5: Mögliche familiäre Rituale nach Altersstufen sortiert

Altersstufe	Mögliche Rituale
Kindergartenkinder	▪ Morgendliches Ritual, z. B. Wachkitzeln durch Papa ▪ Spiele-Nachmittag mit der ganzen Familie ▪ Regelmäßige Kuschelzeit ▪ Gutenachtgeschichten vorlesen
Schulkinder	▪ Gemeinsam Schultasche packen ▪ Gemeinsame Aktivitäten (z. B. Einkaufen, Sportevents usw.) ▪ Durchführung einer Familienkonferenz ▪ Gutenachtgeschichten lesen ▪ Den Tag gemeinsam abends reflektieren
Jugendliche (ab 12 Jahren)	▪ Gemeinsames Frühstück (Erzählen, was am heutigen Tag alles ansteht) ▪ Familienspaziergänge ▪ Durchführung einer Familienkonferenz ▪ Goldene Stunde ausrufen (keine Handys usw.; Reden oder Brettspiele spielen) ▪ Gemeinsame Ausflüge (z. B. alle 2 Monate ins Kino)
Anmerkung: Generell sollte mindestens eine Mahlzeit am Tag gemeinsam eingenommen werden, damit alle Familienmitglieder sich sehen und sich miteinander besprechen können.	

3. Grenzsetzung und richtiges Belohnen

Neben der Einführung von Ritualen ist der Umgang mit Grenzüberschreitungen sowie das richtige Belohnen ein wichtiger Bestandteil eines jeden Elterncoachings. Dabei geht es vor allem darum, Erziehungsberechtigten aufzuzeigen, dass klare Grenzen gezogen und auch – das ist der schwerste Part – konsequent umgesetzt werden müssen. **Wenn ein Nein, nicht immer „Nein" bedeutet, bedeutet es gar nichts!** Die Erziehungsberechtigten sollten darüber aufgeklärt werden, dass abweichendes Verhalten bestraft werden muss, aber eine inflationäre Anwendung von Bestrafung irgendwann zu einer Habituation führt und somit nicht mehr greift (z. B. „Okay, Mama hat mir schon wieder das Handy weggenommen. Ist mir doch egal!"). Daher ist es sinnvoll, in solchen Gesprächen den Fokus der Aufmerksamkeit der Eltern auf das positive Verhalten des Kindes zu legen und dabei die

Möglichkeiten der Belohnung von sozial angemessenem Verhalten aufzuzeigen, was mit der Etablierung eines Tokensystems gut gelingen kann (siehe Kapitel 8: *Aggressives Verhalten – welche Möglichkeiten der pädagogischen und psychologischen Intervention gibt es?*).

4. Durchführung einer Bilanz

Meines Erachtens ist es zudem wichtig, die Eltern dabei zu ermutigen, alle zwei Monate eine Bilanz der getätigten Maßnahmen und des Verhaltens ihres Kindes zu ziehen und die Maßnahmen ggfs. anzupassen.

9.1.2 Umgang als Pädagoge mit aggressiven Kindern

Auch in der Schule sollte das Bedürfnis nach Bindung und sozialen Beziehungen beachtet und vor allem auch gefördert werden. Darunter fallen alle Maßnahmen, die zur Bindungsgestaltung notwendig sind, z. B. Grundkompetenzen wie das aktive Zuhören und die Echtheit im Verhalten.

Zudem kann man im pädagogischen Alltag sehr viel mittels methodisch-didaktischer Maßnahmen arrangieren. So kann bspw. das Klassenklima optimiert werden, indem allgemein ein Klima der Akzeptanz von Heterogenität geschaffen wird. Auch die Anwendung von sozial-integrativen Lernformen (z. B. Gruppen- oder Projektarbeit) oder die Durchführung von speziellen Themenwochen zum sozialen Miteinander (Beispiele für Programme befinden sich im Anhang) ist möglich. Bei ganz schwierigen Gruppenkonstellationen ist es empfehlenswert, eine spezielle Diagnostik wie ein Soziogramm durchzuführen, um wirklich punktuell und individuell auf die Bedürfnisse der Kinder/Jugendlichen eingehen zu können. Auch die Vorbildfunktion ist in pädagogischen Einrichtungen von elementarer Bedeutung (siehe Lerntheorien). So sollten die Pädagogen ihrer Vorbildfunktion gerecht werden und bspw. keine herablassenden Kommentare gegenüber ihren Schülern äußern, auch schwierigen Schülern mit Respekt und Höflichkeit entgegentreten, sich die positiven Seiten jeden Schülers bewusst machen und generell Interesse an der Gefühlslage ihrer Zöglinge zeigen. Als bewährter Tipp ist zu empfehlen, dass die Pädagogen sich als Schatzsucher sehen sollen und ihre Schüler, besonders die mit aggressivem Verhalten, beim „Gutsein" ertappen sollen. Ein Pädagoge sollte für solche Kinder als sichere emotionale und verlässliche Basis agieren und seine Beziehung sowie das Verhalten mit dem aggressiven Schüler immer wieder reflektieren. Oberste Priorität mit aggressiven Kindern/Jugendlichen hat in pädagogischen Settings die Vertrauensbildung. Umso stärker diese Bindungsrepräsentanz zwischen Pädagogen und Kind ist, desto besser gelingt die spätere pädagogische Arbeit.

Exkurs: Motivation und Beziehungsaufbau im pädagogischen und therapeutischen Setting

„Mit diesem Kollegen kann ich nicht zusammenarbeiten!", hat man schon öfter bei Teamsitzungen im Büro gehört. So wie es Erwachsenen mit Kollegen geht, läuft es auch im pädagogischen Setting ab. Ganz häufig hört man seitens der Eltern oder auch des Schülers selbst, mit dieser Lehrkraft komme er einfach nicht klar. Natürlich ist im System Schule ein schneller und unkomplizierter Klassen- oder Schulwechsel nicht so einfach und auch nicht immer sinnvoll. Dennoch kann ich aus Erfahrung sagen, dass durchaus manche Beziehungen zwischen Schule, Elternhaus und Schüler derart belastet sind, sodass eine weitere Zusammenarbeit nicht sinnvoll ist.

Dazu soll kurz folgendes Praxisbeispiel skizziert werden: Letztens war in der Beratung ein Schüler anwesend, der durch massive Verhaltensauffälligkeiten in der Grundschule aufgefallen war und bei dem nun der Wechsel an die Mittelschule (ehemals Hauptschule) anstand. Alle Lehrkräfte der aufnehmenden Schule waren in großer Sorge, wer diesen Schüler in seine Klasse bekommen sollte. Eine resolute, bewährte Lehrkraft nahm die Herausforderung nicht nur an, sondern freute sich sogar auf diesen schulbekannten Schüler. Es geschah das Unvorstellbare, der Schüler ist seit dem Schulwechsel mehr oder weniger unauffällig. Natürlich sind oppositionelle und auch aggressive Tendenzen immer mal wieder vorhanden, aber nicht mehr in dem Umfang, wie sie in der Grundschule auftraten. Mittlerweile äußert dieser Schüler, dass er sogar die Schule vermisse, wenn er Ferien hat. An diesem Beispiel kann man sehr gut erkennen, welch große Wirkung das Beziehungsgeflecht zwischen Lehrer und Schüler hat!

Generell ist auch die Motivation des Schülers ein wichtiger Faktor, da Pädagogen sowie Psychologen keine Wunderheiler sind. Bloß durch Handauflegen kann man keine Verhaltensmodifikation erreichen. Hier liegt auch das Problem gerade in der Arbeit mit jungen Kindern. Diese sehen meistens keine Notwendigkeit, an ihrem Verhalten etwas zu ändern, weil sie damit, gerade wenn es aggressive Formen sind, großen Erfolg haben. Ab dem Alter der Adoleszenz ist die Einsicht meistens größer bzw. der Leidensdruck höher.

Um Erfolg zu haben, muss man lange am emotionalen Fundament verweilen. Ich habe die Erfahrung gemacht, dass gerade im schulischen Kontext die Interventionen meistens zu früh beginnen, wie bspw. das Einüben konkreter Handlungsstrategien bei aggressivem Verhalten. Meines Erachtens bedarf es aber eines ausgiebigen Beziehungsaufbaus als Grundlage für die weitere pädagogische und psychologische Arbeit. Gerade Betroffene, die aus „Multiproblemfamilien" kommen (Risikofaktoren hierfür sind bspw. Arbeitslosigkeit und Suchterkrankungen der Eltern, hohe Anzahl an Geschwistern, aversiver Erziehungsstil, Vaterlosigkeit usw.), brauchen diese Gewissheit, dass jemand da ist, auf den sie sich verlassen können. Nur wenn diese Vertrauensbasis vorhanden ist, werden die späteren pädagogischen oder auch psychologischen Maßnahmen eher in das Verhaltensrepertoire des Kindes oder Jugendlichen übernommen. Eine Ausnahme bildet die Pubertätsaggression, weil es sich hier in der Regel um Jugendliche handelt, die lediglich aufgrund der Adoleszenz aggressive Verhaltensweisen „ausprobieren", bei denen aber im Normalfall ein gutes familiäres Setting vorhanden ist. Dementsprechend kann davon ausgegangen werden, dass die sozialen Bindungen und Beziehungen optimal ausgebildet und vorhanden sind. Hier kann schwerpunktmäßig gleich mit den nächsten Stufen *„Selbstwertaufbau"* sowie *„Kompetenzschulung"* gearbeitet werden.

9.2 Stufe II – Persönlichkeitsebene

Wenn das alles geschehen ist, der Klient Vertrauen zum Therapeuten gefasst hat, sich auch seiner Problemsituation bewusst ist und daran auch etwas ändern möchte, kommt der zweite Schritt, der im Modell mit der Stufe II als *„Persönlichkeitsebene"* (entspricht dem Bedürfnis nach Selbstwerterhöhung) bezeichnet wird. Hier liegt der Schwerpunkt vor allem darauf, mit selbstwertförderlichen Maßnahmen den Klienten zu stabilisieren bzw. weiterzuentwickeln. Der Selbstwert ist von vielen intrapsychologischen sowie interpsychologischen Prozessen abhängig. Diese Bereiche können aber beide gleichmäßig gefördert werden.

Sich selbst einen Wert geben! Der erste Schritt ist, die Kinder und Jugendlichen dazu zu animieren, ihre eigenen positiven Fähigkeiten wieder neu zu entdecken und die eigenen Stärken in den Fokus zu stellen. Wichtig ist dabei die Visualisierung dieser positiven Seiten, damit sie vom Aggressor (oder auch von den Eltern und Pädagogen) bewusst wahrgenommen werden können. Es gibt dazu zahlreiche Übungen aus dem pädagogischen oder psychotherapeutischen Setting. Im Folgenden werden vier klassische Übungen exemplarisch aufgezeigt.
Eine sehr beliebte Methode zur Selbstwertsteigerung, bei der die eigenen Stärken visualisiert werden, ist das sogenannte **„Stärke-Wappen"** (siehe Abbildung 13; Kopiervorlage befindet sich im Anhang).

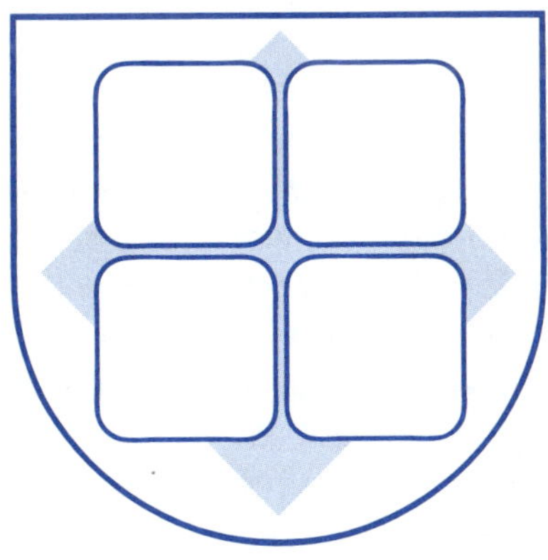

Abb. 13: Mein Stärkewappen

Hierzu wird dem Kind oder dem Jugendlichen ein Wappen mit vier gleich großen Feldern vorgelegt, die beschriftet werden sollen. Dazu eignen sich Fragestellungen, die vor allem das Positive des Klienten betrachten. So haben sich folgende Fragen bewährt: *Was kann ich besonders gut? Was ist an mir schön? Was mögen die anderen an dir? Was war mein schönstes (schulisches) Erlebnis?* Von Fragen nach Freunden und sozialen Kontakten ist abzuraten, da einem Jugendlichen, der in keine Gruppe integriert ist oder keine Freundschaften pflegt und besitzt, durch derartige Fragen sein Einzelgängertum besonders stark präsentiert wird, was sich eher kontraproduktiv auswirkt.

Eine weitere Methode, die gerne vonseiten der Mädchen genutzt wird, da sie viele bastelnde und kreative Elemente enthält, ist das **„Stärkeplakat"**. Dazu werden ein großes Stück Papier (z. B. DIN-A2), Buntstifte, Kleber und Schere benötigt. Zuerst muss ein Bild des Kindes/Jugendlichen ausgewählt werden, das dem Klienten gefällt und welches dann in die Mitte des Plakats geklebt wird. Anschließend werden vom Kind/Jugendlichen (oder in Kooperation mit den Eltern/Pädagogen) rund um das Foto in großen, farbigen Buchstaben alle Stärken und Fähigkeiten aufgeschrieben. Selbstverständlich kann das Stärkeplakat noch mit weiteren Bildern ergänzt bzw. verschönert werden. Zudem können auch weitere Meinungen von Familienmitgliedern, Freunden usw. eingeholt werden. Abschließend soll das Plakat gut sichtbar im Zimmer oder in der Wohnung aufgehängt werden. Das Kind/der Jugendliche soll es sich nun zur Gewohnheit machen, immer wenn es/er daran vorbeigeht, das Plakat durchzulesen und zu betrachten.

Eine ebenfalls bewährte und einfache Übung ist das **Stärke-** bzw. **Positivtagebuch**. Darin können die Aggressoren notieren, was ihnen an dem jeweiligen Tag gut gelungen ist. Hierzu sollte ein Buch genommen werden, das dem Kind oder Jugendlichen gefällt, weil es/er es selbst ausgesucht hat und es „sein Buch" ist. Es kann bspw. jeden Abend notiert werden, was tagsüber geschehen ist. Das Aufschreiben kann frei erfolgen oder anhand von Fragen, die helfen, den Tag zu reflektieren (z. B. Was war heute schön? Worüber habe ich mich gefreut? Was habe ich heute geschafft?). Wichtig ist dabei, diese Erfolgserlebnisse in regelmäßigen Abständen mit dem Kind/Jugendlichen zu besprechen.

Die letzte Methode ist der **Brief an sich selbst („Stärkebrief")**. Hierzu sollen die Kinder/Jugendlichen einen Brief an sich selbst schreiben und das am besten nach einem sehr positiven Ereignis (z. B. nach einer guten Note in einem Test, einem Pokalgewinn in einem Sportturnier o. Ä.). Dieser Brief wird seitens der Eltern und des Therapeuten zurückgehalten und kann nach einer gewissen Zeit, z. B. nach sechs Wochen oder wenn wieder eine Zeit auftritt, in der der Jugendliche sehr belastet ist, dem Kind/Jugendlichen zugeschickt werden. Die Adressaten freuen sich immer riesig, wenn sie Post von sich aus einer schöneren Zeit erhalten. Diese Maßnahme ist allerdings bei akuten Krisen aufgrund des zeitlichen Aspektes weder sinnvoll noch praktikabel.

Wertschätzung bzw. Feedback seitens der Umwelt. Da gerade bei Kindern und Jugendlichen die Schule einen großen Raum einnimmt, ist es wichtig, auch in diesem elementaren Bereich eine Förderung durchzuführen. Wie bereits mehrfach erwähnt ist die Etablierung eines Belohnungssystems neben der Möglichkeit der Verhaltensmodifikation ein geeignetes Instrument, die positiven Seiten des Kindes wahrzunehmen und diese dem Kind zu visualisieren („Das hast du heute alles geschafft!"; siehe auch „Belohnen, aber richtig!" in Kapitel 8: *Aggressives Verhalten – welche Möglichkeiten der pädagogischen und psychologischen Intervention gibt es?*). Diese Methode ist im Kontext Familie genauso anwendbar wie im Kontext Schule. Was sich ebenfalls sehr positiv auf das Selbstwertgefühl von Schülern auswirkt, sind positive und vor allem **realistische Lehrerkommentare.** Hierbei gilt es zu beachten, dass die Rückmeldungen ehrlich gemeint sein müssen, nicht inflationär gebraucht werden dürfen und vor allem auch, dass sie sich auf den gesamten Prozess und nicht nur auf das Endergebnis beziehen. Eine ebenfalls leicht umsetzbare und gleichzeitig sehr effektive Maßnahme im schulischen Kontext ist die Anwendung oder Einführung von Hilfsdiensten. Somit kann der aggressive Schüler einen etablierten Dienst übernehmen, der sich selbstwertförderlich auswirkt, wie bspw. Helferdienst in Mathematik, falls er selbst ein guter Rechner ist. Es können auch neue Dienste speziell für einen Schüler geschaffen werden, um ihm das Gefühl zu vermitteln, wertvoll zu sein. Eine gute Aufklärung der anderen Schüler in der Klasse ist bei solchen Maßnahmen natürlich obligatorisch.

Außerhalb des Schulsystems, sprich im Freizeitsektor, ist bei Kindern allgemein und bei Jungen im Besonderen die Mitgliedschaft in einem **Sportverein** zu empfehlen. Gerade Jungen ziehen sehr viel Selbstvertrauen und Selbstwertgefühl aus sportlichen Leistungen (siehe Kapitel 5.2.2: *Das Bedürfnis nach Selbstwerterhöhung und Selbstschutz*) und von daher wäre es mehr als sinnvoll, eine derartige Freizeitaktivität im Leben des Kindes zu etablieren. Erfahrungsgemäß sollte aber darauf geachtet werden, dass ein jüngeres Geschwisterchen mit niedrigem Selbstwert, nicht unbedingt das gleiche Hobby wie z. B. der ältere Bruder oder die ältere Schwester ausüben muss, besonders wenn das ältere Geschwister darin sehr erfolgreich ist. Damit würde man genau das Gegenteil erwirken, nämlich dass sich das jüngere Kind wieder schlechter fühlt, weil es an die Leistungen seines Bruders/seiner Schwester nicht anschließen kann. Von dem her wäre es zweckmäßiger, ein alternatives Hobby zu suchen, auch wenn es ggfs. mit einem höheren zeitlichen und finanziellen Aufwand für die Eltern verbunden ist.

Darüber hinaus gibt es **evaluierte Förderprogramme**, die zur Steigerung des Selbstwertes bzw. des Selbstvertrauens eingesetzt werden können, wie bspw. „Mutig werden mit Til Tiger. Ein Trainingsprogramm für sozial unsichere Kinder" (Ahrens-Eipper, Leplow & Nelius, 2010) oder das „Training mit sozial unsicheren Kindern" (Petermann & Petermann, 2006).

Exkurs: Hypnose bei starken Selbstwertproblemen – hilft das?

Wer hat nicht schon Fernsehshows gesehen, in denen hypnotisierte Gäste wie Hühner auf der Bühne herumgelaufen sind oder gar ihren eigenen Namen vergessen haben. Diese Darstellungen rücken die Hypnose leider in ein sehr schlechtes Licht. Die Hypnose, genauer gesagt die medizinische bzw. therapeutische Hypnose, kann in vielen Lebensbereichen effektiv eingesetzt werden, bspw. als Alternative zur Narkose bei Zahnbehandlungen oder größeren Operationen, aber auch im psychotherapeutischen Setting, um bei Patienten bspw. Kindheitstraumata aufzudecken und ggfs. zu behandeln. Im Bereich des Coachings erfreut sich diese Methode, die übrigens schon von Sigmund Freud für die Behandlung der sogenannten Hysterie eingesetzt wurde, ebenfalls immer größerer Beliebtheit. Gerade Klienten, die an starken Selbstwertproblemen leiden, kann mit dieser Methode in nur wenigen Sitzungen geholfen werden. Trotz gegenläufiger Meinungen kann diese Form der Behandlung durchaus bei Kindern und Jugendlichen effektiv und schonend angewendet werden. Das Wichtigste ist jedoch dabei – wie generell bei jeder therapeutischen Arbeit, aber bei der Hypnosetherapie umso mehr –, dass man sich als Klient darauf einlässt und sich in die Hände eines Therapeuten/Coachs begibt, der sein Handwerk auch wirklich versteht und bei dem man sich geborgen fühlt (Beziehungsebene).

9.3 Stufe III – Kompetenzebene

Die Spitze des Modells bildet die Stufe III – „Kompetenzebene" (entspricht dem Bedürfnis der Kontrolle und Orientierung). Hier sollen dem Klienten konkrete Handlungsalternativen an die Hand gegeben werden, sodass er in emotionalen Situationen nicht mit aggressivem Verhalten reagieren muss. Das Erlernen konkreter Verhaltensweisen und sozialer Fertigkeiten, die das aggressive Verhalten durch positives prosoziales Verhalten ersetzen, sollte immer als letzter Bereich in einem therapeutischen Ablauf bearbeitet werden (Lochman, Wells & Lenhart, 2008; Petermann & Petermann, 2012; Sahin, 2012). Aufgrund meiner beruflichen Erfahrung sind gerade bei aggressiven Kindern und Jugendlichen folgende Module absolut erforderlich, um das Bedürfnis nach Kontrolle zu befriedigen (siehe Abbildung 14).

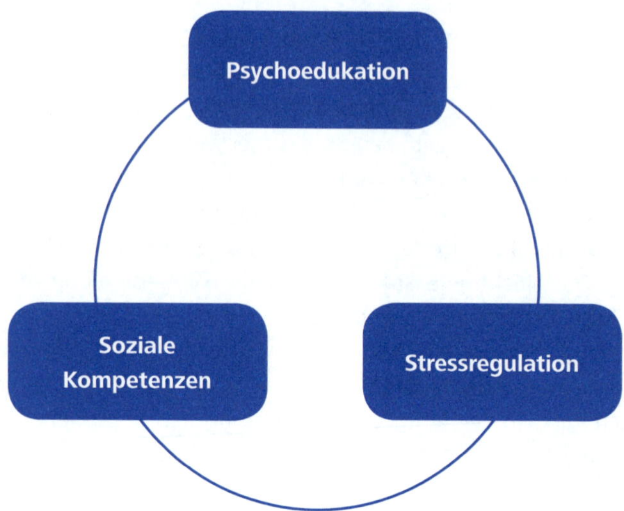

Abb. 14: Module aus dem Bereich „Kompetenzebene"

Psychoedukation über Aggression. Zu Beginn wird zusammen mit dem Kind oder Jugendlichen inhaltlich an der Thematik der Aggression gearbeitet. Hier soll neben der Aufklärung über die Symptome auch das Problemverständnis geschult werden. Themen sind z. B. die verschiedenen Formen der Aggression, deren Erscheinungsform sowie der Nachweis, dass aggressives Verhalten in manchen Situationen durchaus sinnvoll sein kann („Einfach mal Dampf ablassen!"). Weiterhin sollte man dem Klienten erläutern, dass Aggression häufig ein Symptom und keine Erkrankung ist, was zu einer Steigerung der Therapiemotivation führen sollte, weil diese Aussage impliziert, dass man daran was ändern kann. Dazu eignet sich das Bild eines Eisbergs (siehe Abbildung 15; Kopiervorlage siehe Anhang).

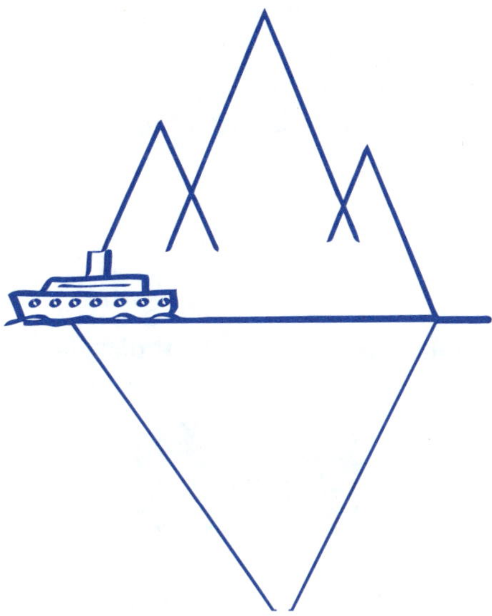

Abb. 15: Das Eisbergmodell

Hierzu kann man dem Kind/Jugendlichen zuerst die erkennbaren Zeichen der Aggression aufzeigen, wie das Verhalten und die körperlichen Reaktionen, und sie in die obere Hälfte des Eisbergs eintragen. Anschließend werden die Gründe für das aggressive Verhalten besprochen, wie z. B. vorausgegangene Situationen, Gefühle, Gedanken usw., die unterhalb des Meeresspiegels liegen und somit unterhalb der Wasserlinie in den Eisberg eingetragen werden. Damit wird visualisiert, dass das Problem primär „unter dem Wasserspiegel" liegt und daran gearbeitet werden muss und soll. Abschließend kann mit dem Kind/Jugendlichen die Wirkung des aggressiven Verhaltens auf andere Kinder und Erwachsene erörtert werden.

Diese genaue Aufklärung ist sehr wichtig, damit die Kinder und Jugendlichen sehen, dass sie der Situation nicht willkürlich ausgesetzt sind. Durch die Gespräche sehen die Betroffenen, dass sie an ihrer Situation durchaus etwas ändern können, was wiederum die Selbstwirksamkeit des Handelns fördert und zudem das Kontrollbedürfnis befriedigt.

Selbstregulation bei Stresserleben. Im folgenden Schritt wird vor allem auf die Stressauslöser eingegangen, die zu den aggressiven Verhaltensweisen führen. Dazu kann man ein freies Gespräch mit dem Klienten führen oder ihm das *„Quadrat der Stressauslöser"* vorlegen und daran die möglichen Ursachen erläutern (siehe Abbildung 16).

Abb. 16: Das Quadrat der Stressauslöser

Sind die Ursachen identifiziert und benannt, wird im weiteren Verlauf auf die Signale des Körpers eingegangen, wie das Ansteigen des Pulses, eine schnellere Atmung usw. Ziel ist es, dass das Kind/der Jugendliche ein Gefühl dafür bekommt, wie sich der Ärger in seinem Körper zeigt, damit es/er geeignete Maßnahmen ergreifen kann, bevor es/er explodiert. Es hat sich bewährt, zur Visualisierung das Bild eines Thermometers zu verwenden, wobei der Gefrierpunkt die geringste Anspannung und 100 Grad die Explosion darstellen. Auf dieser Skala können nun die körperlichen Symptome notiert und visualisiert werden. Abschließend werden mit dem Aggressor verschiedene Skills einstudiert, die er präventiv einsetzen kann, damit es erst gar nicht zu einer explosiven Handlung kommt. Hier gibt es verschiedene Möglichkeiten, sie reichen von körperlichen (z. B. Treppen steigen, Liegestützen und Drücken eines Wutballs) oder kognitiven Ablenkungen (z. B. sich seinen Widersacher in einem gelben Müllsack vorstellen) bis hin zur Reizung von Sinnesorganen (z. B. auf eine Zitrone beißen oder mit einem Haargummi am Handgelenk schnipsen). Wichtig ist hierbei, dass mehrere Methoden mit dem Klienten eingeübt und ausprobiert werden müssen. Diese Automatisierung ist notwendig, damit die Strategie in Stresssituationen wie von selbst abläuft. Nur das reine Anlegen eines Haargummis am Handgelenk – ohne Training – und leicht zu schnipsen, wenn man wütend wird, ist definitiv zu wenig.

Förderung der sozialen Kompetenzen. Abschließend wird konkret an der Förderung von prosozialen Verhaltensweisen gearbeitet. Die Angebote für diesen Bereich zur Schulung diverser Kompetenzen sind mannigfach und sehr umfangreich. Ich empfehle in diesem Zusammenhang, nochmals die Situationen aufzugreifen, in der das aggressive Verhalten vor allem auftritt, wie z. B. der Umgang mit Zurückweisung oder das eigene Verhalten in Gruppensituationen (siehe Eisberg). Dementsprechend sollten diese Beobachtungen in die Konzeption einfließen. Falls keine konkreten Situationen identifiziert werden können, sollten folgende Bereiche angesprochen werden:

- Schulung des aktiven Zuhörens und der Perspektivübernahme
- Schulung der Fähigkeit, seine Wünsche, Anliegen angemessen vorzubringen sowie sich angemessen zu entschuldigen
- Sensibilisierung, Risikosituationen zu erkennen und zu vermeiden

Gerade um die soziale Interaktion mit anderen in realen Bedingungen zu üben, ist die Methode des Rollenspiels sehr gut geeignet. Rollenspiele können entweder in der Gruppe mit Gleichaltrigen oder auch mit dem Pädagogen/Therapeuten selbst durchgeführt werden. Das durchgeführte Verhalten kann so gleich im Anschluss reflektiert und verbessert werden.

Daneben gibt es natürlich auch geeignete Literatur, die zum einen für die Psychoedukation, zum anderen zur Förderung der sozialen Kompetenzen herangezogen werden kann, wie bspw. „Tierisch wütend – Tier Wut Geschichten für Kinder" (Mai, 2018) für Kinder ab 4 Jahren oder „Wohin mit meiner Wut" (Geisler, 2010) für Kinder ab 5 Jahren. Beide Bücher sind zum gemeinsamen Lesen mit den Eltern gedacht. Für ältere Kinder und Jugendliche können Bücher angeschafft werden, die eine Stressreduktionswirkung aufzeigen, indem man in diesen malen oder sich generell ablenken kann. Dafür geeignet wären z. B.: „Mein Wut-Kritzelbuch" (Dudenko, 2015) sowie speziell für Mädchen: „Mein Buch zum Reinkritzeln und Dampfablassen" (Domzalski & Hahn, 2015). Ebenso gibt es standardisierte und evaluierte Förderprogramme für diesen Bereich, wie das „Gruppentraining sozialer Kompetenzen GSK: Grundlagen, Durchführung, Anwendungsbeispiele" (Hinsch & Pfingsten, 2015) oder das „Training sozialer Fertigkeiten mit Kindern im Alter von 8 bis 12 Jahren" (Beck, Cäsar & Leonhardt, 2007).

9.4 Wohlfühlebene – die Rahmenbedingungen

Das Grundbedürfnis nach Lustgewinn bildet als gewissermaßen allgegenwärtiges Bedürfnis einen Rahmen für die Pyramide („Wohlfühlebene"). Dieses Bedürfnis könnte am besten mit Arbeitsfreude gleichgesetzt werden. Hier geht es vor allem darum, einen pädagogischen Rahmen zu schaffen, in dem sich das Kind/der Jugendliche wohlfühlt, weil genau das die entscheidende Größe beim Gelingen von therapeutischen Maßnahmen ist.

Hierzu sollte der Therapieraum einladend und emotional warm sein. Bilder, Blumen usw. geben solchen Räumen ein angemessenes Flair und ein Setting, in dem man gut und gerne arbeiten kann. Zudem sollte der Therapeut eine gepflegte, angemessene Erscheinung haben. Neben diesen äußeren Kriterien sollte der Therapieverlauf an sich abwechslungsreich gestaltet sein, um Langweile vorzubeugen. Wichtig ist außerdem, die emotionale Seite nicht zu vernachlässigen: So sollte man positive Gefühle zulassen, indem man z. B. Erfolge gemeinsam feiert. Entscheidend ist dabei, keinen Druck aufzubauen, da dieser nur wieder Stress bei allen Beteiligten auslöst.

Abschließende Bewertung

Das Auctoritas-Modell umfasst alle Bestandteile, die für eine erfolgreiche Therapie von psychologischen Auffälligkeiten notwendig sind: Ressourcenorientierung, Problembenennung, motivationale Klärung und die Problembewältigung mit konkreten Handlungsempfehlungen (Flückinger & Wüsten, 2015; Grawe, 2004; Grawe, 1998; Grawe, Donati & Bernauer, 2001). Bei gravierenden Störungen wie dem desorganisierten Bindungstyp und den daraus resultierenden Bindungsstörungen kann dieser Ansatz aber auch an seine Grenzen stoßen.

Spezielle Maßnahmen „Krisenintervention"

Fallbeispiel: Marcel (3. Klasse)

Kunstunterricht in der 5. Stunde am Mittwoch. Marcel soll, wie alle anderen Kinder, seinen Wasserbehälter auffüllen und zurück zu seinem Platz gehen. Dabei stößt Marcel beim Anstellen mit Absicht und großer Wucht ein anderes Kind in den Rücken. Dieses fällt hin und fängt an zu weinen. Darauf ermahnt die Lehrkraft Marcel und weist ihn darauf hin, dass „es für heute reicht" und seine Eltern eine Mitteilung über den aktuellen Vorfall erhalten. Kaum ist der Satz ausgesprochen, wird Marcel aggressiv: Er wirft seinen Wasserbehälter in die Ecke des Klassenzimmers, stampft auf und schreit die Lehrkraft an, dass sie eine blöde Kuh sei, immer nur ihn schimpfe und er nie wieder in die Schule gehen möchte. Anschließend setzt er sich auf den Boden, verschränkt die Arme und bockt.

Solche Szenarien sind im schulischen Alltag sowie im häuslichen Kontext keine Seltenheit. Häufig kommen zu verbalen aggressiven Äußerungen auch noch körperliche Aggressionen, wie schlagen, schubsen, beißen usw. hinzu. In solchen Situationen ist man als Pädagoge oder auch als Eltern besonders gefordert, denn es stellen sich nun die Fragen: *Was kann ich in so einem Moment tun? Wie verhalte ich mich richtig?* Gibt es Maßnahmen, die man schon präventiv hätte anwenden können? Im Folgenden werden verschiedene Maßnahmen vorgestellt, die in einer derartigen Notfallsituation ergriffen werden können. Generell muss man anmerken, dass es in der Krisenintervention keine via regia gibt. So werden nachfolgend verschiedene Maßnahmen dargeboten, die je nach Situation, Alter des Aggressors sowie den weiteren Beteiligten sensibel abgewogen werden müssen.

1. Was kann man im Vorfeld tun?

Ein sehr einfacher, aber trotzdem effektiver Rat ist: **„Wehret den Anfängen!"** Die Kinder und Jugendlichen, die aggressives Potenzial haben, sind in der Regel allen Beteiligten bekannt und häufig weiß man auch, welche Anlässe oder Situationen diese Personen besonders in Rage versetzen (siehe „Quadrat der Stressauslöser" in Kapitel 9.3: *Stufe III – Kompetenzebene*). So sollten Stress auslösende Reize generell vermieden werden, wie bspw. ironische Aussagen, wenn man weiß, dass das Kind/der Jugendliche sie nicht versteht. Es ist sinnvoll, die Klassenkameraden – oder im häuslichen Setting die Geschwister – darüber aufzuklären, dass gewisse Aussagen und Handlungen den Betroffenen reizen.

Es ist sinnvoll, im Vorfeld bereits bekannte Hilfssysteme, sprich **Netzwerke**, zu aktivieren, sofern das noch nicht geschehen ist. Häufig haben Schüler mit aggressiven Verhaltensweisen eine Vorgeschichte, die bereits im Kindergarten begonnen hat und dementsprechend auch aktenkundig ist. Infolgedessen sind diese Kinder in der Regel mit ihrer Anamnese bei den schulischen (z. B. Schulsozialarbeiter, Schulpsychologen, Sonderpädagogen) und bei den außerschulischen Hilfsdiensten (Kinder- und Jugendpsychiater, Mitarbeiter beim Jugendamt, Beratungsstellen, Polizei) bekannt. So kann man mit diesen in Kontakt treten und Informationen einholen, welche Maßnahmen sich bereits bewährt haben oder wie schon in früheren Situationen mit emotionalen Ausbrüchen umgegangen wurde.

Darüber hinaus hat es sich bewährt, im Vorfeld mit den Eltern die sogenannte „Time-out"-Regelung zu besprechen (Details zum Thema Time-out siehe *„Exkurs: Stille Treppe und Nachdenkhöhle – was bringt ein Time-out?"*) Time-out ist ein sehr geeignetes Instrument, um aggressive und/ oder impulsive Kinder in der Akutsituation zu beruhigen. Zudem kann man mit dieser Maßnahme das Kind aus der Stress erzeugenden Situation nehmen, die eventuell auch zur Eskalation geführt hat, wie bspw. ein Streit zwischen mehreren Jugendlichen. So sollten mit den Erziehungsberechtigten die Gründe und das allgemeine Prozedere besprochen und am besten schriftlich fixiert werden. Ferner ist es zweckmäßig, die Eltern über die erfolgte Inanspruchnahme eines Times-Outs schriftlich zu informieren, damit die konkrete Verfehlung im Schülerakt für alle Beteiligten dokumentiert ist und die Eltern das Problemverhalten zu Hause mit ihrem Kind ebenfalls besprechen können.

Exkurs: Stille Treppe und Nachdenkhöhle – was bringt ein Time-out?

Mit „Time-out" bezeichnet man allgemein eine Auszeit, die seitens der Eltern, Lehrer oder weiterer Pädagogen veranlasst wird. Geeignet ist die Maßnahme besonders bei Kindern und Jugendlichen, denen es einfach nicht gelingt, sich zu strukturieren und die somit das Geschehen stören. Die Rückmeldung über das aktuelle störende Verhalten erfolgt in Form von Farbkarten (Gelbe und Rote Karte). Gelb ist die erste Verwarnung, Rot die zweite, und nun weiß das Kind, dass als nächste Maßnahme das Time-out kommt. Die Mehrzahl der Kinder ist nach der zweiten Verwarnung durchaus in der Lage, ihr Verhalten zu regulieren und sich angemessen zu verhalten. Schafft es das Kind nach der zweiten Verwarnung trotzdem nicht, sich angemessen zu verhalten, erfolgt die Auszeit (Time-out). Das Kind geht dann vor die Türe oder zu einem speziellen Auszeitort (z. B. Ruhetreppe, Nachdenkoase usw.), um sein Verhalten zu reflektieren (z. B. mit einem Nachdenkblatt) bzw. sich einfach zu beruhigen.
Ein entscheidender Punkt ist, dass im Anschluss an das Time-out der Pädagoge bzw. die Eltern mit dem Kind reden und das Reflektierte besprechen, da keine Verhaltensänderung erfolgen kann, wenn dem Kind keine Alternativen zu den gezeigten Handlungen genannt werden. Ungünstige Orte für das Time-out, die aber dennoch oft im schulischen Setting gewählt werden, sind das Sekretariat sowie der Besuch bei der Schulleitung. Das Sekretariat ist insofern ungünstig, weil hier zu viele Ablenkungen gegeben sind und damit die Umsetzung des Grundgedankens, sich zu beruhigen und das Verhalten zu reflektieren, in der Regel nicht möglich ist. Der Besuch bei der Schulleitung hat meistens zur Folge, dass das Kind „eingenordet" wird und somit der pädagogische Sinn dieser Maßnahme auch nicht zum Tragen kommt. Time-out darf generell nicht

als Strafe betrachtet und vor allem angewendet werden, sondern vielmehr als Chance für das Kind, nach einer gewissen Zeit der Ruhe und der Reflexion wieder optimal am Alltags- bzw. Unterrichtsgeschehen teilnehmen zu können.
Selbstverständlich gibt es bei dieser Maßnahme auch brenzlige Situationen, die es zu lösen gilt. So kann es durchaus passieren, dass ein Kind nach dem Time-out wieder das unerwünschte bzw. abweichende Verhalten zeigt. In diesem Fall sollte das Kind endgültig aus der Situation genommen werden und dann die restliche Zeit des Unterrichts im Time-out-Zimmer verbleiben oder in eine Parallelklasse gehen.
Eine andere kritische Situation entsteht, wenn sich das Kind weigert, den Raum zu verlassen. Dann sollte man nochmals die Anweisung wiederholen: „Verlass jetzt bitte den Raum, damit du dich beruhigen kannst. Anschließend darfst du gerne wieder kommen!" Hilft das wiederum nicht, sollte man sanft Druck ausüben, um das Kind an den entsprechenden Ort zu bekommen. Bei jüngeren Kindern hilft es schon sehr, sich von vorne dem Kind zu nähern, die Hand auszustrecken und nochmals die Anweisung zu wiederholen. Wichtig ist es dabei, nicht laut zu werden, zu schimpfen oder gar gewaltsam zu versuchen, sein Recht durchzusetzen. Forschungen haben gezeigt, dass gerade oppositionelle Kinder maximal vier Mal das Time-out-Prozedere blockieren, es aber danach dann doch akzeptieren und dementsprechend umsetzen.

Auch die Etablierung eines Stress- bzw. Gefühlsbarometer im Vorfeld ist eine gut zu handhabende Maßnahme. Dieses Instrument eignet sich besonders bei jüngeren Kindern, da es ihnen hilft, ihre Gefühle besser wahrzunehmen, zu verstehen und auch zu verbalisieren. Als Barometer kann so ziemlich alles dienen, was eine Skala aufweist; angefangen bei Smileys (siehe Abbildung 17), über Zahlen bis hin zu Piktogrammen, wie bspw. Wetterzeichen. So kann man Eltern auch empfehlen, ein derartiges Barometer zu Hause mit dem Kind gemeinsam zu basteln – mit dem positiven Nebeneffekt, schon eine positive Spiel- bzw. Familienzeit mit dem Kind zu erleben.

Abb. 17: Ein Beispiel für ein Gefühlsbarometer für Grundschulkinder

Der therapeutische Sinn dieses Instruments liegt darin, dass die Kinder im Vorfeld einüben, ihre Gefühle zu identifizieren und auch richtig einzuschätzen. Ist das erfolgreich geschehen, sollten sie in der Lage sein, in angehenden Stresssituationen ihre Gefühle mithilfe dieses Barometers ihrer Umwelt mitzuteilen. Das geschieht im Idealfall noch vor der Erreichung der höchsten Stufe. Somit haben alle Beteiligten die Chance, wenn das Kind mithilfe des Gefühlsbarometers angibt, vom Erregungszustand bereits auf Stufe orange zu sein, geeignete Maßnahmen, wie einen Spaziergang im Freien, einzuleiten, bevor es endgültig zur Eskalation kommt. Diese Maßnahme muss aber im Vorfeld unbedingt mit einem Fachmann einstudiert werden, weil sie im Alltag sonst nicht automatisiert umgesetzt werden kann.

2. Welche innere Grundeinstellung sollte ich als Erwachsener mitbringen?

In einer ähnlichen Situation wie der eben skizzierten ist das oberste Ziel: **Ruhe bewahren**. Als Erwachsener hat man sich auch wie ein Erwachsener zu verhalten und vor allem als Vorbild zu agieren. Falls man als Pädagoge oder als Elternteil die Nerven verliert, selbst laut umher schreit oder gar aggressives Verhalten z. B. in Form körperlicher Züchtigungen anwendet, kann das Kind aufgrund des Imitationslernens dieses Verhalten übernehmen. Aggressive Verhaltensweisen erscheinen so als legitime Problemlösemethode akzeptabel und werden dementsprechend vom Kind ebenfalls in Stresssituationen angewendet (siehe Kapitel 4: *Was macht Kinder und Jugendliche aggressiv?*).

Daher sollte man das **aggressive Verhalten** des Kindes deutlich **zurückweisen** und es auf keinen Fall akzeptieren. Die Taktik des Ignorierens, die bei vielen anderen problematischen Verhaltensweisen sinnvoll und erfolgreich ist, wie bspw. beim Schwätzen, ständigen Unterbrechen usw., gilt in diesem Zusammenhang nicht. Es muss eine Konsequenz folgen, in welcher Form und wann muss in der aktuellen Situation entschieden werden. Diese konsequente Zurückweisung hat nicht nur auf den Aggressor selbst, sondern auch auf eventuelle Zuschauer, wie Klassenkameraden, die sich mit im Raum befinden, einen deutlichen Effekt: Durch starke Konsequenzen wird allen Beteiligten symbolisiert, dass solche Verhaltensweisen seitens der Umwelt nicht akzeptiert werden. Dies schmälert die Wahrscheinlichkeit, dass andere Kinder und Jugendliche dieses Verhalten imitieren (siehe „Bobo-doll-Experiment" in Kapitel 4.4: *Lerntheoretische Ansätze*), enorm.

Zudem kann man allen Beteiligten nur raten, das Verhalten und die damit verbundenen Äußerungen **nicht persönlich zu nehmen**. Alle Erwachsenen kennen diese Ausnahmesituation, dass man im Zustand der Wut oder des Zorns Äußerungen tätigt, die man später bereut. So ähnlich verhält es sich mit diesen Kindern. Sie sind in dieser Situation nicht mehr Herr ihrer Sinne. Natürlich darf man das Verhalten nicht tolerieren, aber die persönlichen Kränkungen sollte man nicht überbewerten.

3. Marcel flippt aus! Was kann man tun?

Aber welche Handlungsmöglichkeiten stehen einem als Eltern oder als Pädagoge zur Verfügung, wenn das Kind/der Jugendliche die Fassung verliert und aggressiv um sich schlägt oder andere massiv beleidigt.

Körpersprache beachten. Ein wichtiger, aber häufig unterschätzter Faktor ist die eigene Körpersprache. Darunter fallen neben der eigentlichen Körperhaltung auch die Gestik, Mimik und die Stimme. Hier sollte darauf geachtet werden, dass man nicht mit einem zu sicheren Auftreten oder auch mit seiner Gestik den Aggressor unabsichtlich bedroht. Man kann sich daran orientieren, dass man sich einem aggressiven Jugendlichen wie einem verängstigten Tier (z. B. Pferd) nähern sollte, zu dem man Kontakt aufbauen möchte. Dementsprechend sollten hektische Bewegungen vermieden werden, Mimik und Gestik sollten sparsam eingesetzt und auf jeden Fall Blickkontakt gehalten werden. Die Stimme sollte tief, ruhig, tragend und wohlwollend klingen. Damit erhöht sich die Chance, dass die Situation nicht eskaliert. Generell ist die Stimmlage in solchen Situationen wesentlich entscheidender als der Inhalt und daher sollte mehr auf die Phonologie als auf die Semantik Wert gelegt werden.

Vermeidung von provokativen Begriffen. Auch wenn der inhaltliche Aspekt der Kommunikation zweitrangig ist, sollten gewisse Themen nicht angesprochen werden. So bringt es wenig, dem Aggressor vorzuwerfen, dass er gerade aggressiv ist. Auch die Ermahnungen, jetzt bitte ruhig zu sein, oder gar mit den schulrechtlichen Konsequenzen zu drohen, bringen in solchen Situationen nichts. Wesentlich effizienter ist es, dem Kind/Jugendlichen seine Hilfe anzubieten und ihm zu zeigen, dass man großes Interesse daran hat, zu erfahren, was ihn gerade beschäftigt oder so wütend macht.

Validierung der Gefühle. Der Mensch ist ein emotionales Wesen, daher gibt es aus dem Bereich der Verhaltenstherapie eine bewährte Methode, die Gefühle des Gegenübers wahrzunehmen, zu verbalisieren und wertzuschätzen („Validierung"). Das gelingt dadurch, dass man Verständnis für dessen Emotionen wie Wut, Ärger o. Ä. durch aktives Zuhören zeigt. Das Erreichen des Gegenübers mit Sachargumenten ist in solchen Situationen alles andere als erfolgreich und führt in der Regel nicht zum gewünschten Ergebnis. Dementsprechend ist es sinnvoll, die Gefühlsebene des Aggressors anzusprechen. Beispiel: *„Marcel, ich kann verstehen, dass du wütend bist, weil ich gesagt habe, dass ich deine Eltern informiere!"* Durch diese Aussage wird dem Gegenüber signalisiert, dass man Verständnis für seine Situation hat und seinen Unmut, in welcher Form dieser auch immer gezeigt wird, nachvollziehen kann. Durch dieses emotionale Hineinversetzen in den Aggressor entwaffnet man diesen, weil er sich verstanden und wertgeschätzt fühlt.

Die paradoxe Intervention. Bei dieser Maßnahmenform handelt es sich um eine Methode, die nicht nur in Akutsituationen angewendet werden kann. Es geht darum, eine Aussage zu treffen, die nach logischen Überlegungen überhaupt nicht zur Situation passt und somit zu einer Irritation des Gegenübers führen soll. Vereinfacht ausgedrückt: Genau das Gegenteil von dem fordern, was man erreichen möchte. Diese Maßnahme funktioniert generell bei Kindern und Jugendlichen sehr gut, da man davon ausgeht, dass diese Altersstufen in ihren Handlungen sehr egozentrisch sind; das bedeutet, dass sie im Zuge der Selbstbestimmung gerne selbst das Zepter in der Hand haben wollen und infolgedessen auch ihre Verhaltensweisen selbst bestimmen wollen. Alle Anweisungen von außen werden mehr oder weniger als Eingriff in die Selbstbestimmung erlebt und dementsprechend abgelehnt (Amrein, 2019; Watzlawick, Bavelas & Jackson, 2017).

Die bekannteste und effektivste Methode der paradoxen Intervention bei Kindern und Jugendlichen ist die **Symptomverschreibung**. Bei dieser Intervention wird die Person dazu angeregt, das problematische Verhalten weiterhin durchzuführen bzw. noch zu intensivieren. Im Fall Marcel könnte die Lehrkraft so reagieren: *„Marcel, ich würde mich an deiner Stelle sogar noch auf den Bauch legen und noch stärker bocken!"* Diese Maßnahme wirkt im ersten Moment „paradox", doch durch diese Aufforderung beruhigen sich viele Kinder wieder, da sie sich in ihrer Selbststeuerung gestört fühlen und mit Absicht nicht das tun wollen, was der Erwachsene sagt. Alternativ dazu könnte man die **Umdeutung** verwenden. Hier werden dem problematischen Verhalten andere Bedeutungen und Absichten zugeschrieben. So könnte die Lehrkraft sagen: *„Marcel, wenn du jetzt so müde bist, dass du dich auf den Boden setzt, sollte ich dich lieber in Ruhe lassen."*

Paradoxe Interventionen sind keine klassischen Methoden in der Intervention mit verhaltensauffälligen Kindern, können aber wohldosiert eingesetzt werden und infolgedessen auch sehr erfolgreich sein. Voraussetzung ist, dass sie an das Gegenüber angepasst werden. Gerade die Methode der Umdeutung ist in dieser Hinsicht mit großer Vorsicht zu genießen, weil sie dazu führen kann, dass sich das Kind noch stärker missverstanden fühlt und deshalb sein aggressives Verhalten sogar noch verstärkt. Ergo: Man sollte diese Maßnahmen nur anwenden, wenn man mit den Persönlichkeitsstrukturen des Kindes vertraut ist.

Maßnahmen zur Deeskalation. Neben den bereits erwähnten spontanen Interventionen kann man auch auf bereits bewährte, abgesprochene bzw. eingeübte Maßnahmen zurückgreifen. Dazu zählt bspw. dem Kind oder Jugendlichen eine Auszeit zu gönnen **(Time-out)**. Gerade wenn diese Maßnahme dem Aggressor bekannt ist und einstudiert wurde, kann sie in solchen Situationen einfach umgesetzt werden. Das Time-out kann vor der Türe, in einem anderen Zimmer oder auch in einem speziellen Raum unter fachlicher Aufsicht erfolgen (Trainingsraummethode; siehe Prölß, 2019b).

So könnte die Lehrkraft sagen: *„Marcel, ich sehe, dir wird das Ganze hier momentan zu viel. Möchtest du zu Herrn Maier in den Ruheraum gehen?"* Häufig wird darüber diskutiert, ob man in der Frage- oder Befehlsform das Kind auffordern sollte. Generell ist das wieder eine sehr individuelle Frage, die von Fall zu Fall entschieden werden muss.

Fazit: Sehr viele aggressive Kinder und Jugendliche nehmen die Möglichkeit der Auszeit gerne an, wenn sie vorher mit den Betroffenen besprochen worden ist, weil sie selbst merken, dass ihnen diese Maßnahme bei der Selbstregulation ihrer Gefühle guttut. Wichtig ist bei der Time-out-Methode die dazugehörige Reflexion des Verhaltens, was im Anschluss auch besprochen werden muss.

Alternativ zum Time-out können auch sogenannte **Skills** angewendet werden, die im Vorfeld mit dem Kind einstudiert wurden. Die Anwendung von Skills ist eine bewährte Methode bei der Emotionsregulation. Skills sind wirksame Techniken gegen Anspannung und haben im Gegensatz zu schädlichen Bewältigungsstrategien wie bspw. selbstverletzendem Verhalten oder aggressivem Verhalten anderen gegenüber den großen Vorteil, dass sie keinen weiteren körperlichen oder seelischen Schaden anrichten. Hierbei wird das Kind/der Jugendliche dazu ermuntert, in einer Stresssituation seine eingeübte Bewältigungsstrategie anzuwenden. Bei aggressiven Verhaltensweisen haben sich gerade die Skills aus dem Bereich der körperlichen Tätigkeiten (z. B. Treppen steigen, eine Runde um das Haus laufen, Liege stützen usw.) bewährt (für weitere Details siehe Kapitel 8: *Aggressives Verhalten – welche Möglichkeiten der pädagogischen und psychologischen Intervention gibt es?*). Wichtig ist, dass diese Technik mit dem Kind im Vorfeld durch einen Psychologen einstudiert wurde, damit in einer Akutsituation sicher darauf zurückgegriffen werden kann. So könnte die Lehrkraft zu Marcel sagen: *„Marcel, bevor du noch wütender wirst, ist es besser, du gehst jetzt erst einmal raus und gehst dreimal die Treppen zügig rauf und runter!"* Am effektivsten ist diese Methode, wenn sie in einem noch geringeren Stresslevel, sprich im gelben oder orangen Bereich beim Gefühlsbarometer, angewendet wird, bevor der Betroffene seinen maximalen Erregungszustand erreicht hat. Wenn Kinder die höchste Erregungsstufe erreicht haben, können selbst die einstudierten Skills häufig nicht mehr sicher angewendet werden und ihre „beruhigende" Wirkung fällt deutlich schwächer aus (siehe Katharsis-Theorie in Kapitel 8.2: *Handlungskompetenz*).

Schutz der anderen Kinder. Falls diese Maßnahmen nicht greifen sollten und sich das Kind bzw. der Jugendliche trotzdem nicht beruhigen lässt und andere zu gefährden droht, müssen diese geschützt werden. So können bspw. andere Beteiligte aus dem Raum evakuiert werden oder man muss sich als Pädagoge/Therapeut zwischen den Aggressor und die vermeintlichen Opfer stellen. Auch das Festhalten des Aggressors kann in manchen Situationen notwendig sein. Alle Maßnahmen, die dem Schutz der anderen Kinder oder auch der Streitschlichtung dienen, z. B. das Eingreifen und Trennen der Streithähne, stellen keine Straftat dar, da sie durch Notwehr oder Notstand gerechtfertigt sind (§§ 32 und 34 Strafgesetzbuch). In derartigen Fällen ist die Absicht des Pädagogen nicht die körperliche Züchtigung der Schüler, sondern die Deeskalation und Streitschlichtung. Generell müssen aber alle ergriffenen Maßnahmen immer nach dem Grundsatz der Verhältnismäßigkeit angewendet werden. So kann ein Pädagoge nicht mit einem Stuhl den Aggressor schlagen, nur damit dieser nicht weiter verbal seine Mitschüler beleidigt. Solche körperlichen Maßnahmen, die dazu dienen, Schüler zu einem bestimmten Verhalten zu bewegen oder zu züchtigen, sind gesetzlich verboten und nach § 223 StGB strafbar (Verlag PRO Schule, 2016). Alternativ kann man bei ganz schweren Fällen der Selbst- und Fremdgefährdung auch den Rettungsdienst sowie die Polizei verständigen, damit diese den Aggressor nach Bedarf in eine psychiatrische Klinik zur weiteren Abklärung einweisen können.

4. Was sollte nach einer Krisenintervention folgen?

Nach der Situation ist vor der Situation. Nun ist es wichtig, mit dem Aggressor ein **sachliches Gespräch** unter vier Augen zu führen. Dabei soll es primär nicht um Schuldzuweisungen oder Vorwürfe, sondern vielmehr um die Reflexion der Situation gehen: Was war der Auslöser? Was hat dich noch wütender gemacht? Was hat dir geholfen? Der Schwerpunkt liegt also auf der Ursachenerforschung sowie darauf, weitere Maßnahmen zu ermitteln, die beim nächsten Auftreten noch ergriffen werden können. Bei älteren Kindern hat sich eine Reflexion in schriftlicher Form, z. B. im Format eines Briefes oder eines Tagebucheintrages bewährt. Diese **„Verschriftlichung"** der eigenen Gedanken kann insbesondere helfen, eigene Ideen zu generieren, zu entwickeln oder auch denjenigen Aspekt auszuwählen, der subjektiv für das Kind oder den Jugendlichen als besonders bedeutsam empfunden wird. Generell ist es auch psychologisch unabdingbar, nach einem körperlichen Angriff konsequent auf eine **Wiedergutmachung** (z. B. Schreiben einer Entschuldigungskarte) oder eine **Entschädigung/Reparation** (z. B. Bezahlen des zerstörten Gegenstandes oder eigenhändige Reparatur) zu bestehen. Neben den unangenehmen Konsequenzen ist es nämlich ebenso wichtig, dass das Kind oder der Jugendliche dazu angeleitet wird, sozial angemessene und gesellschaftlich akzeptierte Verhaltensweisen zu erlernen und dazu gehört die Fähigkeit, für seine Fehler einzustehen und sie wiedergutzumachen. Daneben müssen je nach Schwere des Vorfalls u. U. die entsprechenden **schulrechtlichen Maßnahmen** wie Verweis, Unterrichtsausschluss usw. angewendet werden, weil damit für den Aggressor, aber auch für andere Schüler ein deutliches Zeichen gesetzt wird, dass solche Verhaltensweisen als Problemlösestrategie nicht toleriert werden.

Abschließend muss noch erwähnt werden, dass bei aggressiven Verhaltensweisen die **Ursachenabklärung** das A und O ist. Nur wenn man weiß, warum das Kind/der Jugendliche so reagiert, kann man auch mit den richtigen Interventionen agieren bzw. im Vorfeld Maßnahmen ergreifen, damit es erst gar nicht zu derartigen Eskalationen kommt. Darunter können neben der Befriedigung der psychologischen Grundbedürfnisse (siehe Kapitel 9: *Das Auctoritas-Modell*) auch schulisch-pädagogische Maßnahmen fallen, wie bspw. Anti-Mobbing-Trainings oder eine spezielle Förderung bei defizitären Deutschkenntnissen (Prölß, 2009). Zudem ist es sinnvoll, bei aggressiven und impulsiven Tendenzen einen Fachmann, wie z. B. Psychologen oder Therapeuten, aufzusuchen, um mit dem Kind geeignete Stressbewältigungsstrategien einzuüben, auf die in Akutsituationen automatisiert zurückgegriffen werden kann.

Was hat Marcel geholfen?

Die Lehrkraft hat Marcel aufgefordert, das Zimmer zu verlassen und kurz bei offener Tür den Gang auf und ab zu gehen. Diese Methode wurde im Vorfeld mit dem hiesigen Schulpsychologen einstudiert und hat sich beim Schüler bewährt. Nachdem Marcel sich beruhigt hatte, ging er mit einem Block und einem Bleistift für die restliche Unterrichtsstunde in eine andere Klasse, um sein Verhalten zu reflektieren und schriftlich festzuhalten. Am Ende der Stunde holte ihn die Lehrkraft ab und die Reflexion wurde besprochen. Dabei stellte es sich heraus, dass das von ihm geschubste Mädchen Marcel zuvor mit Absicht auf den Fuß getreten hatte und er sich nur rächen wollte. Er fühlte sich benachteiligt, weil nach seiner Sichtweise das Mädchen allein daran schuld war. Die Lehrkraft bespricht mit Marcel, dass er und auch das Mädchen eine Entschuldigungskarte schreiben müssen. Die Mitteilung an die Eltern bleibt jedoch bestehen, da es in keiner Situation erlaubt ist, Gegenstände im Klassenzimmer umherzuwerfen oder die Lehrkraft zu beleidigen.

Literaturverzeichnis

Aebi, M. (2012). Kinder mit oppositionellem und aggressivem Verhalten: Das Baghira-Training. Therapeutische Praxis. Göttingen: Hogrefe.

Ahrens-Eipper, S., Leplow, B. & Nelius, K. (2010). Mutig werden mit Til Tiger: Ein Trainingsprogramm für sozial unsichere Kinder. Therapeutische Praxis. Göttingen: Hogrefe.

Ainsworth, M., Blehar, M., Waters, E. & Wall, S. (1978). Patterns of Attachment. A psychological study of the strange situation. New York: Hilsdale.

Amrein, J. (2019). Humor und Provokation in der Kommunikation: Tools für Beratung, Therapie und Coaching – Ideen für Beruf und Alltag. Idstein: Schulz-Kirchner Verlag.

Andresen, S. & Möller, R. (2019). Children´s Worlds+. Eine Studie zu Bedarfen von Kindern und Jugendlichen in Deutschland. Gütersloh: Bertelsmann Stiftung.

Angermeier, W. F. (1976). Kontrolle des Verhaltens: Das Lernen am Erfolg. Berlin, Heidelberg: Springer.

Auyeung, B., Baron-Cohen S. & Ashwin E. (2009). Fetal testosterone predicts sexually differentiated childhood behavior in girls and in boys. Psychological Science, 20(9), 144–148.

Ayers, J. W., Althouse, B. M., Leas, E. C., Dredze, M. & Allem, J.-P. (2017). Internet Searches for Suizid Following the Release of 13 Reason Why. JAMA International Medicine, 177(10), S. 1527–1529.

Baier, E. & Steinhausen, H.-C. (2006). Schule und psychische Störungen (1. Aufl.). Stuttgart: Kohlhammer Verlag.

Bandura, A. (1965). Influence of models reinforcement contingencies on the acquisition of imitative response. Journal of Personality and Social Psychology, (1), 589–595.

Bandura, A. (1979). Aggression: Eine sozial-lerntheoretische Analyse (1. Aufl.). Stuttgart: Klett-Cotta.

Bandura, A., Ross, D. & Ross, S. A. (1963). Imitation of film-mediated aggressive models. Journal of Abnormal and Social Psychology, (66), 3–11.

Baron, R. A. & Richardson, D. R. (1994). Human aggression (2. Aufl.). Perspectives in social psychology. Heidelberg: Springer.

Baumeister, R. F. (1993). Self-esteem: The puzzle of low self-regard. New York: Plenum Press.

Bayerischer Rundfunk (2020). Alarmierende Zahlen: Immer mehr Gewalt an Bayerns Schulen. Retrieved February 26, 2020, from Bayerischer Rundfunk: https://www.br.de/nachrichten/bayern/wieder-mehr-gewalt-an-bayerns-schulen,RfvmRpm.

Beck, N., Cäsar, S. & Leonhardt, B. (2007). Training sozialer Fertigkeiten mit Kindern von Kindern – Alter von 8 bis 12 Jahren (2. Aufl., Bd. 6). Tübingen: Deutsche Gesellschaft für Verhaltenstherapie.

Beck, A. T., Rush, A. J., Shaw, B. F. & Emery, G. (1979). Cognitive therapy of depression. Estados Unidos: The Guilford Press.

Becker-Stoll, F. (2002). Bindung und Psychopathologie im Jugendalter. In: B. Strauß & U. Bade (Hrsg.), Klinische Bindungsforschung. Theorien – Methoden – Ergebnisse (196–213). Stuttgart: Schattauer.

Beetz, A. (2013). Bindung und Emotionsregulationsstrategien bei Jugendlichen mit und ohne emotionale Störungen und Verhaltensauffälligkeiten. Empirische Sonderpädagogik, (2), 144–159.

Beuster, F. (2011). Die Jungenkatastrophe: Das überforderte Geschlecht (5. Aufl.). Hamburg: Rowohlt Verlag

Bieg, S. & Behr, M. (2005). Mich und dich verstehen – Ein Trainingsprogramm zur emotionalen Sensitivität bei Schulklassen und Kindergruppen im Grundschul- und Orientierungsstufenalter. Göttingen: Hogrefe.

Bischof-Köhler, D. (2011). Von Natur aus anders: Die Psychologie der Geschlechtsunterschiede (4., überarb. und erw. Aufl.). Stuttgart: Kohlhammer.

Blanz, B., Schmidt, M. H. & Esser, G. (1990). Conduct disorders (CD): The reliability and validity of the new ICD-10-categories. Acta Paedopsychiatrica: International Journal of Child & Adolescent Psychiatry, 53(2), 93–103.

Block, J. & Robins, W. (1993). A longitudinal study of consistency and change in self-esteem from early adolescence to early adulthood. Child Development, (64), 909–923.

Boeger, A., Dörfler, T. & Schut-Ansteeg, T. (2006). Erlebnispädagogik mit Jugendlichen: Einflüsse auf Symptombelastung und Selbstwert. Praxis der Kinderpsychologie und Kinderpsychiatrie, 55(3), 181–197.

Bohm, E. (1996). Lehrbuch der Rorschach-Psychodiagnostik: Für Psychologen, Ärzte und Pädagogen (7. Aufl.). Bern: Huber.

Borg-Laufs, M. (1997). Aggressives Verhalten: Mythen und Möglichkeiten. Tübingen: dgvt-Verlag.

Borg-Laufs, M. (2010). Psychische Grundbedürfnisse in Kindheit und Jugend: Perspektiven für soziale Arbeit und Psychotherapie. Tübingen: dgvt-Verlag.

Borg-Laufs, M. (2016). Störungsübergreifendes Diagnostik-System für die Kinder- und Jugendlichenpsychotherapie: Manual für die Therapieplanung; (SDS-KJ). Tübingen: dgvt-Verlag.

Brem-Gräser, L. (2011). Familie in Tieren: Die Familiensituation im Spiegel der Kinderzeichnung. München: Ernst Reinhardt.

Brisch, K. H. (2007). Prävention von Bindungsstörungen. In: W. Suchodoletz (Hrsg.), Prävention von Entwicklungsstörungen (167-181). Göttingen: Hogrefe.

Brisch, K. H. (2018). Bindungsstörungen: Von der Bindungstheorie zur Therapie (15. Aufl.). Stuttgart: Klett-Cotta.

Brown, J. D., Novick, N. J., Lord, K. A. & Richards, J. M. (1992). When Gulliver travels: Social context, psychological closeness, and self-appraisals. Journal of Personality and Social Psychology, (60), 717–727.

Bulanda, R. E. & Majumdar, D. (2009). Perceived parent–child relations and adolescent self-esteem. Journal of Child and Family Studies, (2), 203–212.

Buss, A. H. (1961). The psychology of aggression. New York: Wiley.

Cacioppo, J. T., Crites, S. L. & Gardner, W. L. (1996). Attitudes to the Right: Evaluative Processing is Associated with Lateralized Late Positive Event-Related Brain Potentials. Personality and Social Psychology Bulletin, 22(12), 1205–1219.

Cierpka, M. & Schick, A. (2014). FAUSTLOS – Grundschule: Ein Curriculum zur Förderung sozial-emotionaler Kompetenzen und zur Gewaltprävention. Göttingen: Hogrefe.

Corman, L. (2013). Der Schwarzfuß-Test: Grundlagen, Durchführung, Deutung und Auswertung (5. Aufl.). Beiträge zur Psychodiagnostik des Kindes. München: Ernst Reinhardt.

Darwin, C. (1866). On the origin of species by means of natural selection, or the preservation of favoured races in the struggle for life (4. edition, with additions and corrections, 8. thousand). London: John Murray Verlag.

Dilling, H. & Freyberger, H. J. (2019). Taschenführer zur ICD-10-Klassifikation psychischer Störungen. Bern: Hogrefe.

Dollard, J. & Doob, L. W. (1939). Frustration and aggression. Publications of the Institute of Human Relations, Yale University. New Haven: Yale Univ. Press.

Dollard, J., Miller, N. E., Doob, L. W., Mowrer, O. H. & Sears, R. R. (1939). Frustration and aggression. New Haven: Yale University Press.

Domzalski, B. & Hahn, C. (2015). Mein Buch zum Reinkritzeln und Dampfablassen – mit genialen Tipps. Stuttgart: Planet Girl.

Dudenko, J. (2015). Mein Wut-Kritzelbuch: Für weniger Wut im Bauch. München: Pattloch.

Eismann & Lammers (2017). Emotionsregualtion. Therapie-Tools. Weinheim: Verlagsgruppe Beltz.

Elbert, T., Moran, J. K. & Schauer, M. (2017). Lust an Gewalt: appetitive Aggression als Teil der menschlichen Natur. Neuroforum, 23(2), 96–104.

Epstein, S. (1994). Integration of the cognitive and the psychodynamic unconscious. American Psychologist, (49), 709–724.

Erickson, M. F., Egeland, B. & Suess, G. J. (2016). Die Stärkung der Eltern-Kind-Bindung. Frühe Hilfen für die Arbeit mit Eltern von der Schwangerschaft bis zum zweiten Lebensjahr des Kindes durch das STEEP™-Programm. Stuttgart: Klett-Cotta.

Eschenbeck, H. & Kohlmann, C.-W. (2002). Geschlechtsunterschiede in der Stressbewältigung von Grundschulkindern. Zeitschrift für Gesundheitspsychologie, 10(1), 1–7.

Farrington, D. P., Ttofi, M. M. & Coid, J. W. (2009). Development of adolescence-limited, late-onset, and persistent offenders from age 8 to age 48. Aggressive Behavior, 35(2), 150–163.

Fegert, J. M., Eggers, C. & Resch, F. (2012). Psychiatrie und Psychotherapie des Kindes- und Jugendalters (2., vollst. überarb. und aktual. Aufl.). Berlin, Heidelberg: Springer.

Field, T. M., McCabe, P. M. & Schneiderman, N. (1985). Stress and coping. Hillsdale, N.J.: Erlbaum.

Fields, D. (2020). Die Wurzeln der Aggression. Gehirn und Geist. (1), 48–55.

Flammer, A. (1990). Erfahrung der eigenen Wirksamkeit: Einführung in die Psychologie der Kontrollmeinung. Bern: Huber.

Flammer, A. & Alsaker, F. D. (2001). Entwicklungspsychologie der Adoleszenz: Die Erschließung innerer und äußerer Welten im Jugendalter. Bern: Huber.

Flückinger, C. & Wüsten, W. (2015). Ressourcenaktivierung. Bern: Huber.

Flückinger, C. & Grosse Holtforth, M. (2017). Ressourcenaktivierung und motivorientierte Beziehungsgestaltung: Bedürfnisbefriedigung in der Psychotherapie. In: R. Frank (Hrsg.), Psychotherapie. Therapieziel Wohlbefinden. Ressourcen aktivieren in der Psychotherapie (3. Aufl., 33–41). Berlin, Heidelberg: Springer.

Freud, S. (1910). Drei Abhandlungen zur Sexualtheorie (2. Aufl.). Leipzig: Deuticke.

Freud, S. (1915). Triebe und Triebschicksale (Studienausgaben, Vol. 3). Frankfurt a. M.: Fischer Verlag.

Freud, S. (1923). Das Ich und das Es (1.–8. Tsd). Wien: Internat. psychoanalyt. Verlag.

Freud, S. (1930). Das Unbehagen in der Kultur (1.–12. Tsd). Wien: Internat. psychoanalyt. Verlag.

Freud, S. (2014). Gesammelte Werke. Köln: Anaconda.

Geisler, D. (2010). Wohin mit meiner Wut. Bindlach: Loewe Verlag.

Gerrig, R. J. & Zimbardo, P. G. (2018). Psychologie. Germany: Pearson.

Gollwitzer (Hrsg.) (2007). Gewaltprävention bei Kindern und Jugendlichen. Aktuelle Erkenntniss aus Forschung und Praxis. Göttingen: Hogrefe.

Gomez, R. & McLaren, S. (2007). The inter-relations of mother and father attachment, self-esteem and aggression during late adolescence. Aggressive Behavior, (33), 160–169.

Görtz-Dorten, A. & Döpfner, M. (2010). Fragebogen zum aggressiven Verhalten von Kindern: FAVK; Manual. Göttingen: Hogrefe.

Görtz-Dorten, A. & Döpfner, M. (2019). Therapieprogramm für Kinder mit aggressivem Verhalten (THAV) (2., überarb. und erw. Aufl.). Therapeutische Praxis. Göttingen: Hogrefe.

Grasmann, D. (2015). Störungen des Sozialverhaltens und Jugenddelinquenz. In: G. Esser (Hrsg.), Klinische Psychologie und Verhaltenstherapie bei Kindern und Jugendlichen (5. Aufl., 120–127). Stuttgart, New York: Georg Thieme Verlag.

Grawe, K. (1998). Psychologische Therapie. Göttingen: Hogrefe.

Grawe, K. (2000). Psychologische Therapie (2., korrigierte Aufl.). Göttingen: Hogrefe.

Grawe, K. (2004). Neuropsychotherapie. Göttingen: Hogrefe.

Grawe, K., Donati, R. & Bernauer, F. (2001). Psychotherapie im Wandel: Von der Konfession zur Profession (5., unveränd. Aufl.). Göttingen: Hogrefe.

Grob, A. & Smolenski, C. (2005). Fragebogen zur Erhebung der Emotionsregulation bei Kindern und Jugendlichen. Göttingen: Hogrefe.

Grosse Holtforth, M. & Grawe, K. (2004). Konfliktdiagnostik aus der Perspektive der Konsistenztheorie. Lernen an der Praxis, (4), 147–161.

Grossmann, K. & Grossmann, K. E. (2008). Elternbindung und Entwicklung des Kindes in Beziehungen. In: B. Herpertz-Dahlmann, F. Resch, M. Schulte-Markwort & A. Warnke (Hrsg.), Entwicklungspsychiatrie. Biopsychologische Grundlagen und die Entwicklung psychischer Störungen (2. Aufl., 221–241). Stuttgart: Schattauer.

Grossmann, K. & Grossmann, K. E. (2017). Bindungen: Das Gefüge psychischer Sicherheit (7. Aufl.). Fachbuch Klett-Cotta. Stuttgart: Klett-Cotta.

Harter, S. (1995). Processes underlying adolescent self-concept formation. In: R. Montemayor (Hrsg.), Advances in adolescent development. From childhood to adolescence. A transitional period? (3. Aufl., 205–239). Beverly Hills, CA.: Sage Publications.

Heaven, P. & Ciarrochi, J. (2008). Parental styles, gender and the development of hope and self-esteem. European Journal of Personality, 22(8), 707–724.

Hess, W. R. (1957). The functional Organization of the diencephalon. New York, London: Grune & Stratton.

Hinsch, R. & Pfingsten, U. (2015). Gruppentraining sozialer Kompetenzen GSK: Grundlagen, Durchführung, Anwendungsbeispiele (6., vollst. überarb. Aufl.). Weinheim: Beltz.

Hoffman, K., Cooper, G. & Powell, B. (2019). Aufwachsen in Geborgenheit: Wie der „Kreis der Sicherheit" Bindung, emotionale Resilienz und den Forscherdrang Ihres Kindes unterstützt. Freiburg: Arbor Verlag.

Hopf, H. (2017). Aggression in psychodynamischen Therapien mit Kindern und Jugendlichen (2. Aufl.). Frankfurt a. M.: Mabuse-Verlag.

Hösch, I. (2015). Beziehungs- und emotionsorientierte Techniken. In: G. Esser (Hrsg.), Klinische Psychologie und Verhaltenstherapie bei Kindern und Jugendlichen (5. Aufl., 371–378). Stuttgart, New York: Georg Thieme Verlag.

Huether, G. (1998). Stress and the adaptive self-organization of neuronal connectivity during early childhood. International Journal of Developmental Neuroscience, 16(3-4), 297–306.

In-Albon, T., Plener, P., Brunner, R. & Kaess, M. (2015). Ratgeber Selbstverletzendes Verhalten – Informationen für Betroffene, Eltern, Lehrer und Erzieher. Göttingen: Hogrefe.

Jachs, C. (2010). „Erziehung zum Selbstwert? Der Selbstwert und die wahrgenommene elterliche Erziehung im Entwicklungsstadium der Adoleszenz". Diplomarbeit, Wien.

Jaffe, M. L. (1998). Adolescence. New York, NY: Wiley.

Josephs, R. & Markus, H. (1992). Gender and self-esteem. Journal of Personality and Social Psychology, (63), 391–402.

Judge, T. & Bono, J. (2001). Relationship of core self-evaluations traits-self-esteem, generalized self-efficacy, locus of control, and emotional stability – with job satisfaction and job performance: A meta-analysis. Journal of Applied Psychology, (86), 80–92.

Jugert, G., Rehder, A., Notz, P. & Petermann, F. (2017). Fit for Life: Module und Arbeitsblätter zum Training sozialer Kompetenz für Jugendliche. Pädagogisches Training. Weinheim, Basel: Beltz Juventa.

Jungmann, T. & Reichenbach, C. (2016). Bindungstheorie und pädagogisches Handeln: Ein Praxisleitfaden (4., verb. und erw. Aufl.). Dortmund: Borgmann Media.

Juul, J. (2013). Aggression: Warum sie für uns und unsere Kinder notwendig ist (1. Aufl.). Frankfurt a. M.: Fischer E-Books.

Katzer, C., Fechtenhauer, D. & Belschak, F. (2009). Cyberbullying: Who Are the Victims?: A Comparison of Victimization in Internet Chatrooms and Victimization in School. Journal of Media Psychology, (21), 25–29.

Klicksafe. (2020). Medienanstalt Rheinlandpfalz. Die EU-Initiative für mehr Sicherheit im Netz. https://www.klicksafe.de/themen/kommunizieren/cyber-mobbing/was-sagt-das-gesetz/

Kling, K. C., Hyde, J. S. & Showers, C. J. (1999). Gender differences in self-esteem: A meta-analysis. Psychological Bulletin, (125), 470–500.

Köhler-Saretzki, T. (2016). Sichere Kinder brauchen starke Wurzeln: Wegweiser für den Umgang mit bindungsbeeinträchtigten Kindern und Jugendlichen. Ratgeber für Angehörige, Betroffene und Fachleute. Idstein: Schulz-Kirchner Verlag.

Kowalski, R. & Limber, S. (2007). Electronic mobbing among middle school students. Journal of Adolescent Health, (41), 22–30.

Kraemer, G. (1992). A Psychobiological theory of attachment. Behavioral and Brain Sceinces. (15), 493–541.

Krahé, B. (2007). Aggression. In: Springer-Lehrbuch. Sozialpsychologie (265–294). Berlin, Heidelberg: Springer.

Kramer, B. (2016). Sind Jungen die neuen Verlierer?: Mädchen haben bessere Noten, Mädchen machen häufiger Abitur. Und die Jungen? Werden von der Schule systematisch benachteiligt, heißt es oft. Stimmt das? https://www.spiegel.de/lebenundlernen/schule/schlechtere-noten-als-maedchen-sind-jungen-schulverlierer-a-1059134.html.

Kraus, J. (2015). Helikopter-Eltern: Schluss mit Förderwahn und Verwöhnung. Reinbek bei Hamburg: Rowohlt Taschenbuch Verlag.

Lehm, B. von (2013). Faul, fahrig, Junge: Geschlechterrollen in der Schule. https://www.faz.net/aktuell/karriere-hochschule/campus/geschlechterrollen-in-der-schule-faul-fahrig-junge-12145909.html.

Lemper-Pychlau, M. & Schneider-Blümchen, S. (2013). Alltagsintelligenz: 24 Tools für Ihren täglichen Erfolg. Wiesbaden: SpringerLink.

Lochman, J. E., Wells, K. & Lenhart, L. A. (2008). Coping Power: Child Group Facilitator's Guide. Oxford: University Press.

Lorenz, K. (1974). Das sogenannte Böse: Zur Naturgeschichte der Aggression. Wien: Borotha-Schoeler.

Lukesch, H. (2006). Fragebogen zur Erfassung von Empathie, Prosozialität, Aggressionsbereitschaft und aggressivem Verhalten: FEPAA. Göttingen: Hogrefe.

Madigan, S., Brumariu, L. E., Villani, V., Atkinson, L. & Lyons-Ruth, K. (2016). Representational and questionnaire measures of attachment: A meta-analysis of relations to child internalizing and externalizing problems. Psychological Bulletin, 142(4), 367–399.

Mai, L. (2018). Tierisch wütend – Tier Wut Geschichten für Kinder: (Spielerisch den Umgang mit Emotionen erlernen). Create Space Independent Publishing Plattform.

Maslow, A. (1954). Motivation and personality. New York: Harper.

Mazur, J. E. (2011). Lernen und Verhalten. München: Pearson Studium.

Mentzos, S. (1989). Neurotische Konfliktverarbeitung: Einführung in die psychoanalytische Neurosenlehre unter Berücksichtigung neuer Perspektiven. Frankfurt a.M.: Fischer-Taschenbuch-Verlag.

Mesman, J. & Koot, H. (2001). Early preschool predictors of preadolescent internalizing and externalizing DSM-IV diagnoses. Journal of the American Academy of Child and Adolescent Psychiatry, (40), 1029–1036.

Möller, S. (2000). Zur Ausdifferenzierung des Selbstkonzeptes der Begabung durch Leistungsrückmeldung. In: H. Metz-Göckel (Hrsg.), Selbst, Motivation und Emotion. Dokumentation des 4. Dortmunder Symposions für Pädagogische Psychologie (79–87). Berlin: Logos-Verlag

Montemayor, R. (1995). Advances in adolescent development. From childhood to adolescence: A transitional period? (3.). Beverly Hills, CA.: Sage Publications.

Nolting, H.-P. (2000). Lernfall Aggression: Wie sie entsteht – wie sie zu vermindern ist; ein Überblick mit Praxisschwerpunkt Alltag und Erziehung. Hamburg: Rowohlt-Taschenbuch-Verlag.

Nolting, H.-P. (2015). Psychologie der Aggression: Warum Ursachen und Auswege so vielfältig sind. Hamburg: Rowohlt.

Nunn, J. S. & Thomas, S. L. (1999). The angry male and the passive female: The role of gender and self-esteem in anger expression. Social Behavior and Personality, 1999 (27), 145–154.

Oehler, K. (1984). Der unbewegte Beweger des Aristoteles. Philosophische Abhandlungen: Vol. 52. Frankfurt a.M.: Klostermann.

Oerter, R. & Montada, L. (2008). Entwicklungspsychologie: Lehrbuch. Weinheim: Beltz.

Olweus, D. (2008). Gewalt in der Schule: Was Lehrer und Eltern wissen sollten – und tun können. Bern: Huber.

Orth, B. (2017). Die Drogenaffinität Jugendlicher in der Bundesrepublik Deutschland 2015. Teilband Computerspiele und Internet. BZgA Forschungsbericht. Köln: Bundeszentrale für gesundheitliche Aufklärung.

Papps, B. P. & O'Carroll, R. E. (1998). Extremes of self-esteem and narcissism and the experience and expression of anger and aggression. Aggressive Behavior, (24), 421–438.

Petermann, F. & Koglin, U. (2013). Aggression und Gewalt von Kindern und Jugendlichen: Hintergründe und Praxis. Heidelberg: Springer.

Petermann, F., Niebank, K. & Scheithauer, H. (2004). Entwicklungswissenschaft: Entwicklungspsychologie, Genetik, Neuropsychologie. Heidelberg: Springer.

Petermann, U. & Petermann, F. (2006). Training mit sozial unsicheren Kindern: Einzeltraining, Kindergruppen, Elternberatung (9., vollst. überarb. Aufl.) Weinheim: Beltz PVU.

Petermann, F. & Petermann, U. (2012). Training mit aggressiven Kindern (13., überarb. Aufl.). Materialien für die klinische Praxis. Weinheim: Beltz.

Petermann, F. & Petermann, U. (2015). Aggressionsdiagnostik (2., vollst. überarb. Aufl.). Kompendien psychologische Diagnostik: Bd. 1. Göttingen: Hogrefe.

Potreck-Rose, F. & Jacob, G. (2018). Selbstzuwendung, Selbstakzeptanz, Selbstvertrauen: Psychotherapeutische Interventionen zum Aufbau von Selbstwertgefühl. Stuttgart: Klett-Cotta.

Prölß, A. (2009). Die Grenze meiner Sprache ist die Grenze meiner Welt. In: Hanns-Seidel-Stiftung e. V. (Hrsg.), Politische Studien – Schwerpunktthema: Förderpreis für politische Publizistik: Vol. 426 (41–49). Landshut.

Prölß, A. (2019a). Hochbegabung: Ein Ratgeber für Eltern, Therapeuten und Pädagogen. Idstein: Schulz-Kirchner Verlag.

Prölß, A. (2019b). Umgang mit verhaltensauffälligen Kindern in der Schule – Inklusion versus Resignation. Freie Psychotherapie, (3), 10–14.

Rees, G., Andresen, S. & Bradshaw, J. (2016). Children's Views on Their Lives and Well-being in 16 Countries : A report on the Children's Worlds survey of children aged eight years old 2013-15. York: UK: Children´s World Projekt (ISCWeB).

Roger, B., Tamara, D. & Kurt, L. (1941). Frustration and Regression. An Experiment with Young Children, Iowa: University of Iowa.

Rosenberg, M. (1965). Society and the adolescent self-image. Princeton Legacy Library. Princeton: Princeton University Press.

Roß, T. (2000). Bindungsstile von gefährlichen Straftätern. Eine empirische Bestandsaufnahme. Dissertation, Universität Ulm, Ulm.

Roth, M. (2002). Geschlechtsunterschiede im Körperbild Jugendlicher und deren Bedeutung für das Selbstwertgefühl. Praxis der Kinderpsychologie und Kinderpsychiatrie, 51(3), 150–164.

Rothmund, T., Elson, M. & Appel, M. (2015). Macht Gewalt in Unterhaltungsmedien aggressiv? from https://www.spektrum.de/news/macht-gewalt-in-unterhaltungsmedien-aggressiv/1360548?utm_source=GUG&utm_medium=PR&utm_campaign=GUG_PR_Mediengewalt_LINK&utm_content=Mediengewalt.

Rotter, J. (1966). Generalized expectancies for internal versus external control of reinforcement. Psychological Monographs: General and Applied, 80(1), 1–28.

Saemisch, C. (2012). Elterlicher Erziehungsstil und Sozialverhalten von Kindern im Kindergartenalter. Dissertation, Düsseldorf.

Sahin, M. (2012). An investigation into the efficiency of empathy training program on preventing bullying in primary schools. Children and Youth Services Review, 34(7), 1325–1330.

Savage, J. (2014). The association between attachment, parental bonds and physically aggressive and violent behavior: A comprehensive review. Aggression and Violent Behavior, 19(2), 164–178.

Scheithauer, H. & Hayer, T. (2007). Psychologische Aggressionstheorien und ihre Bedeutung für die Prävention aggressiven Verhaltens im Kindes- und Jugendalter. In: M. Gollwitzer (Hrsg.), Gewaltprävention bei Kindern und Jugendlichen. Aktuelle Erkenntnisse aus Forschung und Praxis (15–37).

Scheithauer, H. & Petermann, F. (2002). Prädikation aggressiv/dissozialen Verhaltens: Entwicklungsmodelle, Risikobedingungen und Multiple-Gating-Screening. Zeitschrift für Gesundheitspsychologie, 10(3), 121–140.

Schmidt-Atzert, L. & Amelang, M. (2012). Psychologische Diagnostik. Heidelberg: Springer.

Schmitz, A.-K., Vierhaus, M. & Lohaus, A. (2012). Geschlechtstypische Unterschiede und geschlechtstypische Erwartungen beim Einsatz von Bewältigungsstrategien und ihre Zusammenhänge zum Problemverhalten von Jugendlichen. Zeitschrift für Gesundheitspsychologie, 20(1), 13–21.

Schneider, S. (2009). Kinder-DIPS: Diagnostisches Interview bei psychischen Störungen im Kindes- und Jugendalter (2., aktual. und erw. Aufl.). Heidelberg: Springer.

Schubarth, W. (2018). Gewalt und Mobbing an Schulen: Möglichkeiten der Prävention und Intervention (3., aktual. Auflage). Stuttgart: Kohlhammer.

Schütz, A. (2003). Psychologie des Selbstwertgefühls: Von Selbstakzeptanz bis Arroganz. Stuttgart: Kohlhammer.

Schwenck, C. & Reichert, A. (2012). Plan E – Eltern stark machen!: Modulares Training für Eltern von psychisch kranken Kindern und Jugendlichen. Weinheim, Basel: Beltz.

Seligman, M. & Maier, S. (1967). Failure to escape traumatic shock. Journal of Experimental Psychology, (74), 1–9.

Simmank, J. (2019). Generation Psychotherapie. Zeit Campus. Retrieved December 23, 2019, from www.zeit.de/campus/2019-11/psychische-krankheiten-generation-psychotherapie-gesundheit.

Skinner, B. F. (1956). A case history in scientific method. American Psychologist, (11), 221–233.

Spangler, G. & Zimmermann, P. (2019). Die Bindungstheorie – Grundlagen, Forschung und Anwendung. Stuttgart: Klett-Cotta.

Steinhausen, H.-C. (2019). Psychische Störungen bei Kindern und Jugendlichen: Lehrbuch der Kinder- und Jugendpsychiatrie und -psychotherapie. München: Urban & Fischer Verlag.

Stucki, C. & Grawe, K. (2007). Bedürfnis- und Motivorientierte Beziehungsgestaltung: Hinweise und Handlungsanweisungen für Therapeuten. Psychotherapeut, (52), 16–23.

Theunert, H. (1987). Gewalt in den Medien – Gewalt in der Realität. Leverkusen. Opladen.

Thorndike, E. L. (1889). Animal Intelligence: An Experimental Study of the Associative Processes in Animals. Golumbia: Rarebooksclubs.

Thorndike, E. L. (1913). The psychology of learning. New York: Teachers College.

Verlag PRO Schule (2016). Schüler anfassen oder festhalten – was Lehrkräfte dürfen, ohne rechtliche Probleme zu bekommen. Retrieved November 16, 2019, from https://www.schulleiter.de/rechtsarchiv/gesetze-urteile/schueler-anfassen-oder-festhalten-was-lehrkraefte-duerfen-ohne-rechtliche-probleme-zu-bekommen/.

Verres, R. & Sobez, I. (1980). Ärger, Aggression und soziale Kompetenz: Zur konstruktiven Veränderung destruktiven Verhaltens (1. Aufl.). Konzepte der Humanwissenschaften. Stuttgart: Klett-Cotta.

Vitiello, B. & Stoff, D. M. (1997). Subtypes of aggression and their relevance to child psychiatry. Journal of the American Academy of Child and Adolescent Psychiatry, (36), 307–315.

Vollmann, M., Weber, H. & Wiedig, M. (2004). Selbstwertgefühl und ärgerbezogenes Verhalten. Zeitschrift für Differentielle und Diagnostische Psychologie, (25), 47–56.

Wahl, K. (2012). Aggression und Gewalt: Ein biologischer, psychologischer und sozialwissenschaftlicher Überblick. Heidelberg, Neckar: Spektrum Akademischer Verlag.

Watzlawick, P., Bavelas, J. B. & Jackson, D. D. (2017). Menschliche Kommunikation: Formen, Störungen, Paradoxien (13., unveränd. Aufl.). Bern: Hogrefe.

Weinberger, S. (2013). Klientenzentrierte Gesprächsführung: Lern- und Praxisanleitung für psychosoziale Berufe (13. Aufl.). München: Juventa Verlag.

Wettstein, A. (2008). Beobachtungssystem zur Analyse aggressiven Verhaltens in schulischen Settings: BASYS. Bern: Huber.

Winterhoff, M. (2009). Warum unsere Kinder Tyrannen werden. Oder: Die Abschaffung der Kindheit. München: Goldmann Verlag.

Zimmermann, P. (2002). Von Bindungserfahrungen zur individuellen Emotionsregulation: das Entwicklungspsychopathologische Konzept der Bindungstheorie. In: B. Strauß & U. Bade (Hrsg.), Klinische Bindungsforschung. Theorien – Methoden – Ergebnisse (147–161). Stuttgart: Schattauer.

Anhang

Trainingsprogramm zu Reduzierung von aggressiven Verhaltensweisen

Aufgrund der Vielzahl der Sichtweisen und Diskussionen über die Entstehung von aggressiven Verhaltensweisen gibt es dementsprechend auch zahlreiche Therapie- und Präventionsprogramme. Sie unterscheiden sich bezüglich Intensität, Dauer, Zielgruppe, Inhalt, Durchführungsformat und Kontext der Intervention. Ein Teil der Maßnahmen hat eine mehr präventi-

Tab. 6: Übersicht über verschiedene Programme zur Reduzierung von aggressiven Verhaltensweisen

Name und Autor	Zielgruppe	
Fit for Life (Jugert, Rehder, Notz & Petermann, 2017)	Jugendliche von 10 bis 17 Jahren	
FAUSTLOS – Grundschule (Cierpka & Schick, 2014)	Kinder im Alter von 6 bis 10 Jahren	
Therapieprogramm für Kinder mit aggressivem Verhalten (THAV; Görtz-Dorten & Döpfner, 2019)	Kinder im Alter von 6 bis 12 Jahren	
Training mit aggressiven Kindern (Petermann & Petermann, 2012)	Kinder im Alter zwischen 6 bis 12 Jahren	
Kinder mit oppositionellem und aggressivem Verhalten: Das Baghira-Training (Aebi, 2012)	Kinder im Alter zwischen 8 bis 13 Jahren	

ve, ein anderer eine mehr therapeutische Zielsetzung. Einen Überblick über mögliche Präventions- und Therapieprogramme bietet Tabelle 6.
Ebenso gibt es im Internet viele hilfreiche, kostenlose Seiten, die einem Anregungen zum Umgang mit abweichenden Verhalten liefern. Eine sehr überzeugende Homepage ist der AOK-Elterntrainer (www.adhs.aok.de/zum-adhs-elterntrainer/). Hier werden viele Alltagsbeispiele mit konkreten Interventionen beschrieben.

Inhalt	Bereich
Ein Gruppentraining zur Förderung sozial-emotionaler Kompetenzen und zur Gewaltprävention.	Prävention
Das Training ist als Gruppenprogramm konzipiert und dient der Prävention aggressiven Verhaltens.	Prävention
Das Training eignet sich insbesondere für den Einsatz bei Kindern mit aggressivem Verhalten, Problemen der Affektregulation sowie bei begrenzten prosozialen zwischenmenschlichen Beziehungs- und emotionalen Reaktionsmustern.	Therapie
Das Training kann als Einzel- oder Gruppentraining durchgeführt werden, kombiniert mit begleitender Elternarbeit. Jungen und Mädchen lernen damit angemessene, prosoziale Verhaltensweisen.	Therapie
Das Training zielt darauf ab, Alternativen zum aggressiven Verhalten aufzubauen und sozial kompetente Verhaltensweisen zu fördern.	Therapie

Zudem gibt es auch eine Vielzahl an evaluierten Förderprogrammen zum systematischen Aufbau von Bindungsqualität zwischen Kindern und ihren Hauptbezugspersonen. Einen Überblick bietet Tabelle 7.

Tab. 7: Förderprogramme zum systematischen Aufbau von Bindungsverhalten

Name und Autor	Zielgruppe	Inhalt
STEEP® (Erickson, Egeland & Suess, 2016)	Säuglinge und Kleinkinder	Verhaltens- und repräsentationsbezogene Förderung elterlicher Feinfühligkeit und soziale Unterstützung.
„Konzept des Kreises der Sicherheit" (Hoffman, Cooper & Powell, 2019)	Säuglinge und Kleinkinder	Reflexion über das eigene Erziehungsverhalten vor dem Hintergrund der eigenen Bindungserfahrungen.
„SAFE® – Sichere Ausbildung für Eltern" (Brisch in Suchodoletz, 2007)	Säuglinge und Kleinkinder	Das Programm soll spezifisch eine sichere Bindungsentwicklung zwischen Eltern und Kind fördern, die Entwicklung von Bindungsstörungen verhindern und ganz besonders die Weitergabe von traumatischen Erfahrungen über Generationen verhindern.
„B.A.S.E.® – Babywatching gegen Aggression und Angst zur Förderung von Sensitivität und Empathie" (Brisch in Suchodoletz, 2007)	Vorschulalter	Das Programm zielt auf die Förderung von Feinfühligkeit und Empathiefähigkeit bei Kindern im Alter von 3 bis 6 Jahren.
„Mich und dich verstehen – Ein Trainingsprogramm zur emotionalen Sensitivität bei Schulklassen" (Bieg & Behr, 2005)	Grundschule	Im Trainingsprogramm werden die differenzierte Wahrnehmung der eigenen Gefühle, das Einfühlungsvermögen und die Bewältigung von Angst und Stress vermittelt und deren Einfluss auf eine gesunde Persönlichkeitsentwicklung aufgezeigt.

Tokensystem – Punktekarte

Gesammelte Punkte	Prämie

Tokensystem – Treppenform

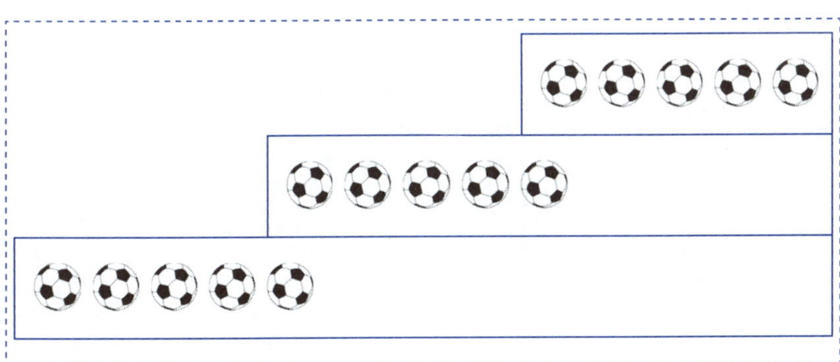

Mein Wappen

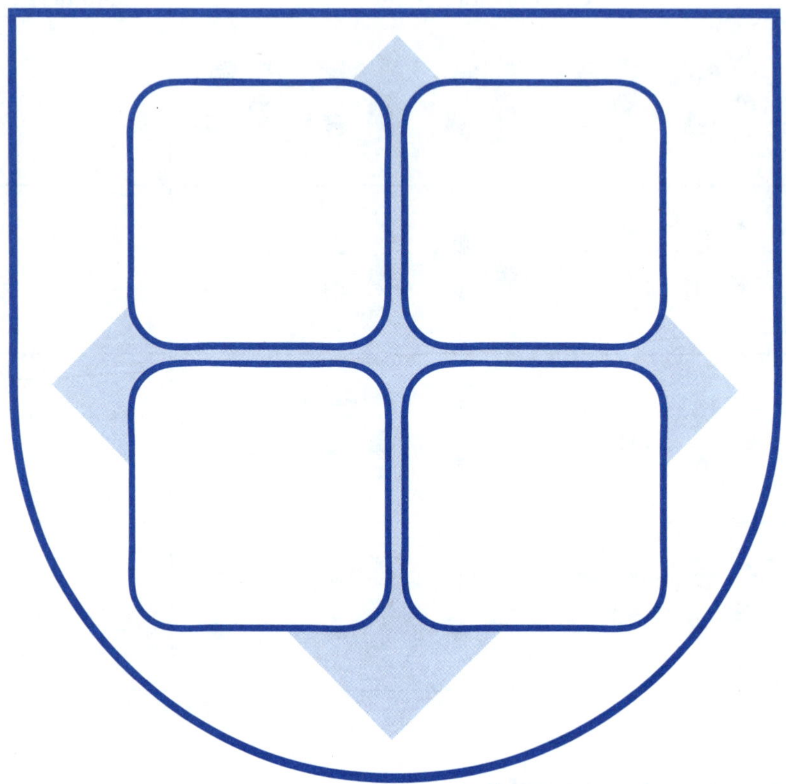

Stressauslöser

Eisberg

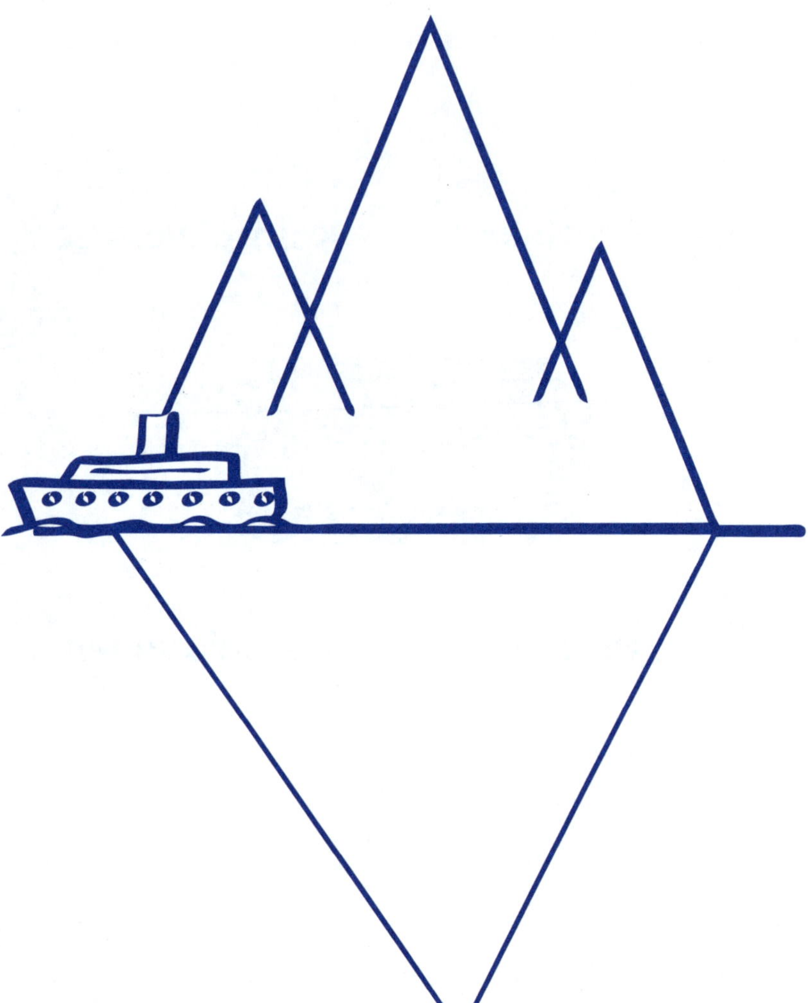